Przysmaki Ojca Mateusza

Domowa Kuchnia Natalii

Przysmaki Ojca Mateusza

Domowa Kuchnia Natalii

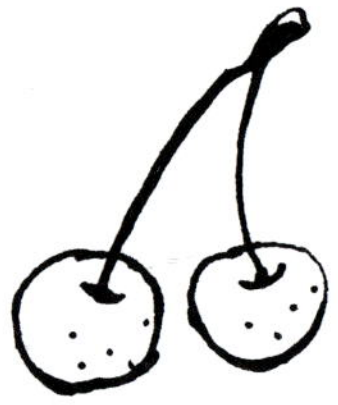

Spis treści

Smacznego!

½ LITER

1.

Ksiądz Mateusz pełni posługę w naszej parafii już ładnych parę lat. Doskonale pamiętam, jak przed jego przyjazdem zastanawiałam się, czym go powitać, żeby dobrze się u nas poczuł. Pomyślałam o tarcie malinowej z kremem z serka mascarpone. Jeszcze nigdy jej nie robiłam, ale wyobrażałam sobie te smaki i aromaty – świeżutkie ciasto, delikatny serek mascarpone utarty na puszysto ze śmietaną, pachnące maliny... Postanowiłam, że przygotuję to ciasto na przywitanie.

Jednak wszystko wyszło inaczej. Ksiądz zjawił się bez zapowiedzi. Z organistą Piotrem zastaliśmy go w zakrystii, jak oglądał szaty liturgiczne po niedawno zmarłym księdzu Łukaszu. W pierwszej chwili nie zauważyliśmy, że ma koloratkę no i wzięliśmy go za złodzieja. Oczywiście, wszystko szybko się wyjaśniło, ale nici z uroczystego powitania z herbatą i tartą.

Trochę się niepokoiłam, jaki będzie ten nowy proboszcz. O wiele młodszy od poprzedniego, wydawał się nieco dziwny. Jeździł starym rowerem, uparł się, żeby msze święte odprawiać w starej, zniszczonej albie księdza Łukasza... Jak teraz ułoży się życie na plebanii? Chciałam zrobić wszystko, aby było jak najlepiej. Więc przygotowałam jednak tartę dwa czy trzy dni później, na podwieczorek. Byli tylko ksiądz i Piotr. I chwała Bogu, bo choć bardzo się starałam, wyszło fatalnie. Ciasto niedosłodzone, serek i śmietana się roztopiły i wsiąkły w ciasto, a maliny chyba za mocno dociskałam, bo wyglądały trochę dziwnie. Było mi okropnie głupio, nawet się zastanawiałam, czy podawać tartę na stół. W końcu to zrobiłam. Nałożyłam wszystkim na talerzyki, ale kiedy skosztowałam, łzy napłynęły mi do oczu. Niesmaczna i tyle. Piotr po pierwszym kęsie zrobił głupią minę i chciał coś powiedzieć, ale ksiądz był szybszy. Wyobraźcie sobie, że pochwalił ten mój nieszczęsny wypiek! I to tak dyplomatycznie, żeby nie zgrzeszyć i nie skłamać, że smaczna! Powiedział, że świeżutka, zapytał, skąd wzięłam takie dorodne maliny i czy przygotowanie było bardzo czasochłonne. W tej sytuacji Piotr siedział cicho i karnie zjadł swoją porcję do ostatniego okruszka.

A ja zrozumiałam, że wszystko będzie dobrze. Nie tylko dlatego, że Mateusz bez grymasów zaakceptował moją kuchnię – a nie byłam ja wtedy jeszcze dobrą kucharką, oj nie! – lecz także dlatego, że jest wyrozumiały i szanuje uczucia innych.

Mimo wszystko przez parę lat nie wracałam do tarty z malinami. Zrobiłam ją dopiero niedawno, na imieniny księdza – kiedy nauczyłam się naprawdę dobrze gotować i dostałam swój kącik kulinarny w „Nowinkach Sandomierskich". Tarta była przepyszna, jedyny problem był taki, że wszyscy goście prosili o dokładkę i przydałaby się jeszcze jedna... Najbardziej chwalił nasz ksiądz. A kiedy zapytałam go, czy pamięta tę pierwszą, nieudaną, tylko się uśmiechnął. Jak to on.

Tarta z malinami

Składniki (6 porcji)

22 DKG MĄKI TORTOWEJ • 10 DKG SCHŁODZONEGO MASŁA • 2 ŻÓŁTKA • 3 ŁYŻKI CUKRU • 25 DKG SERA MASCARPONE • 250 ML ŚMIETANY KREMOWEJ 36% • 60 DKG MALIN • EWENTUALNIE LISTKI MIĘTY, CUKIER PUDER • SZCZYPTA SOLI

Przygotowujemy kruche ciasto – na stolnicę wysypujemy mąkę i cukier, dodajemy pokrojone w drobną kostkę lub posiekane masło. Rozcieramy palcami. Gdy powstanie kruszonka, dodajemy żółtka i szczyptę soli. Szybko wyrabiamy ciasto, formujemy w gładką kulę, owijamy folią aluminiową i wstawiamy na 2 godziny do lodówki. Formę na tartę (o średnicy 26 cm) grubo smarujemy masłem. Ciasto rozwałkowujemy na wysypanej mąką stolnicy lub na papierze do pieczenia (oprószonym mąką) na grubość około ½ cm. Rozwałkowane wkładamy do formy (lub razem z papierem przenosimy do formy, odwracamy papierem do góry i wykładamy dno oraz boki formy, odklejamy papier, a brakujące miejsca wylepiamy ciastem). Ciasto nakłuwamy widelcem, przykrywamy folią aluminiową lub papierem do pieczenia i obciążamy fasolą lub specjalnymi kulkami (dzięki temu ciasto w trakcie pieczenia nie wstanie). Wstawiamy do lodówki do czasu, aż piekarnik się nagrzeje do temperatury 190°C. Wtedy wkładamy do niego ciasto na mniej więcej 15 minut, następnie usuwamy obciążenie i pieczemy jeszcze przez 12–15 minut – aż ciasto będzie miało złoty kolor. Po upieczeniu odstawiamy do schłodzenia. Ubijamy śmietanę, dodajemy ser mascarpone, dokładnie mieszamy do momentu, w którym otrzymamy jednolitą masę. Delikatnie wykładamy na spód tarty. Schładzamy przez 2 godziny w lodówce. Wykładamy maliny, delikatnie dociskając je do kremu. Możemy udekorować tartę listkami mięty lub/i posypać ją cukrem pudrem. Przechowujemy w lodówce.

2.

Moje gumułki może nie są wyjątkowe, ale potrafiły namieszać w historii sandomierskiej kryminalistyki. Na Wielkanoc, obok mazurków i bab drożdżowych, na naszym stole zawsze były gumułki. Tego roku ksiądz Mateusz, który znów był na diecie, stanowczo odmówił ich dalszej konsumpcji. Ponieważ odwiedził nas pan Mietek, oddałam je z nadzieją, że może na komendzie się nie zmarnują. Już w lany poniedziałek odezwał się Gibalski. Niby ze spóźnionymi świątecznymi życzeniami, a naprawdę w sprawie gumułek, które zostały zjedzone na nocnym dyżurze. Chciałam dać przepis, ale on nalegał na gotowe – byli w jakimś trudnym śledztwie, chodziło o zuchwałą kradzież w domu piekarza. Potem jeszcze dzwonił Marczak, a na końcu już sam Nocul. Czy to się nie nazywa mobbing? Nie ma co gadać – miłe chłopaki! Podeszli mnie, wzięli pod włos. Zamiast odpocząć, dać się oblać na śmigusa, ucierałam (w końcu dla policji...) kolejne porcje twarogu... Po kilku dniach było kolejne zamówienie – tym razem z propozycją współpracy z sąsiadującym z komendą barkiem. Kto wie, jak by się to potoczyło, gdyby nie nagła i stanowcza interwencja inspektora Możejki. Okazało się, że od czasu pojawienia w komendzie gumułek śledztwo w sprawie kradzieży u piekarza straciło impet. Wykluczające się fakty, sprzeczne zeznania... Początkowo podejrzewano ospałość intelektualną u przejedzonych mundurowych. Okazało się jednak, że winnym był pomocnik piekarza, główny świadek w sprawie. Osaczony pytaniami przyznał, że zmyślał kolejne zeznania, bo nie mógł się oprzeć chrupiącym placuszkom, którymi częstowali go przesłuchujący policjanci... Gdyby Możejko nie potraktował chłopaka z wyrozumiałością, to miałby on duże kłopoty. A tak w nagrodę za szczerość dostał mój przepis. Przy okazji odkryłam, że mężczyźni to jednak inny gatunek... Dać się zamknąć na 48 godzin z łakomstwa? Z drugiej strony nie słyszałam, żeby ktoś z uzależnienia od gumułek się ożenił... a szkoda, bo być może byłby najszczęśliwszym facetem na świecie.

Gumułki

Składniki (8 porcji)

OKOŁO 1,5 KG SERA BIAŁEGO DOBRZE WYCIŚNIĘTEGO ALBO ZMIELONEGO TWAROGU • 3 JAJKA • KMINEK DO POSYPANIA • GARŚĆ POSIEKANEJ ŚWIEŻEJ MIĘTY • MĄKA DO UFORMOWANIA • SÓL, PIEPRZ I CUKIER DO SMAKU

Ser przecieramy przez sito, ewentualnie przekręcamy przez maszynkę, dodajemy jajka i drobno posiekaną świeżą miętę, doprawiamy solą i pieprzem. Wszystkie składniki mieszamy i dokładnie wyrabiamy na jednolitą masę. Z przygotowanej masy formujemy kulki ciut większe od orzecha włoskiego, obtaczając je mąką a następnie spłaszczamy je lekko w dłoniach, nadając im kształt wałeczka. Tak przygotowane gumułki smarujemy roztrzepanym jajkiem, posypujemy kminkiem, układamy w brytfannie i wkładamy do piekarnika nagrzanego do temperatury 200°C na mniej więcej 30 minut. Dawniej gumułki wkładano do pieca po wyjęciu domowego chleba. Podawane na Ziemi Koprzywnickiej raz w roku – tylko na Święta Wielkanocne – smakowały wyjątkowo.

3.

Jesień ma dla mnie smak pamuły, czyli zupy śliwkowej. Mało kto wie, że to tradycyjne danie z Sandomierszczyzny! A smakuje nie tylko tutejszym...

Zeszłej jesieni odwiedził nas synek dalekiej kuzynki Piotra – Maciuś. Jaki to tam Maciuś – siedmioletni bachor! Burknął coś na powitanie, nie przerywając gry na telefonie. Na dodatek Piotr musiał biec na próbę do kościoła, więc zostaliśmy z dzieciakiem sami. Musielibyście zobaczyć tę nalaną buźkę, wiecznie rozdziawioną w jazgocie! Głośno i bezczelnie odmówił oddania komórki, wypicia soku z malin, zjedzenia pieczonego jabłka. Wyciągnął za to swój prowiant – furę batonów i colę. Machnęłam ręką i poszłam zmywać. Przez szum wody słyszałam, jak nieludzko wrzeszczy, domagając się chipsów. Aż nagle – cisza. Zerknęłam przez ramię – dzieciak siedział jak trusia. Pomyślałam, że albo się obraził, albo go wreszcie zemdliło. Kiedy jednak po kwadransie nadal panował nienaturalny spokój, podeszłam do stołu. Był to słoneczny wrzesień i przez otwarte okna musiały zlecieć się osy zwabione zapachem czekolady. Jedna z nich ugryzła go dokładnie tam, gdzie się należało. A chłopak – z szoku, a może ze strachu – zamiast ryczeć, milczał jak głaz! Miałam lekkie wyrzuty sumienia, więc wieczorem ugotowałam to, co sama najlepiej pamiętam z dzieciństwa – pamułę. Maciek leżał na brzuchu z kompresem na pośladku. Naburmuszony, udawał, że nie widzi rozbawienia księdza i nie chciał nawet spojrzeć na czekoladę przyniesioną przez Piotra. Jednak kiedy poczuł obłędny śliwkowo-śmietankowy zapach zupy, zerwał się na równe nogi. Tak, tak... Pamuła jest dobra na wszelkie smutki...

Pamuła

Składniki

1½ KG ŚLIWEK • 15 DKG CUKRU • 1 ŁYŻKA MĄKI • ½ SZKLANKI SŁODKIEJ ŚMIETANKI 30%

Śliwki gotujemy w 2 l wody, przecieramy przez sito i dodajemy cukier do smaku. Zaprawiamy śmietaną. Zupę można podawać z kluskami lub ziemniakami okraszonymi cebulką.

4.

W czasach mojej młodości... Zaraz, zaraz! Wciąż jestem przecież młoda, prawda? To inaczej: w czasach dzieciństwa wakacje, a przynajmniej ich część spędzałam na obozach harcerskich.

Cały dzień biegaliśmy po lasach, polach czy nad jeziora. Wieczorem śpiewy przy ognisku i nocne podchody. Wciąż w głowie mam masę ciekawych przygód. I pamięć o ludziach, których spotkałam.

Tego roku wylądowaliśmy z biwakiem na Zamojszczyźnie. Obóz byłby super, gdyby nie zgryźliwa komendantka. Baba żyleta, zasadnicza i restrykcyjna w każdej sprawie, a zwłaszcza jeśli chodzi o punktualność. Od razu się poznałyśmy, bo na starcie złapałam kilka kar za spóźnienia na posiłki, które – co tu dużo mówić – były liche... Wychodząc na kolejną wycieczkę, zostaliśmy ostrzeżeni, aby do obiadu nic nie jeść, bo kuchnia szykuje coś wyjątkowego.

Już podczas marszu oderwaliśmy się w kilka osób i poszliśmy na azymut, czyli skrótem. Wojtek (a może Marek? nie pamiętam...), którego straciliśmy z oczu, nagle zaczął krzyczeć. Okazało się, że nie zauważył krawędzi wąwozu. Teraz jęczał na dnie rozpadliny. Jak się okazało, obtarł sobie na dzikich jeżynach siedzenie. Dziewczyny mu pomagały, a ja odkryłam tuż obok poletko poziomek... Pięć minut wystarczyło, żeby wszyscy, włącznie z „rannym", poczuli smaki raju. Wielkie, słodkie, powalające aromatem. Było ich tyle, że nie mogę powiedzieć o zaspokojeniu głodu, regularnie się obżarliśmy.

Powrót był ciężki. Pełne żołądki i grube spóźnienie dawały pewność kolejnej kary na zmywaku. Jednak kiedy wróciliśmy, komendantka nawet nas nie zauważyła. Wow, teraz tylko trzeba było szybko zjeść, żeby nie zostać nakrytym w jadalni... i tu nastąpiło największe zaskoczenie. Na obiad było coś wyjątkowego... Po przesłodkich owocach kwaśna zupa okazała się wyśmienitym dopełnieniem. Zjadłam kilka dokładek, podobnie jak reszta zastępu. Nie wiem, jak innym, bo zastęp dawno się rozpadł, kontaktu nie mam praktycznie z nikim, ale mnie w pamięci została właśnie ta zupa. Ożywcza, idealna na lato... Kompletnie tylko nie wiem, skąd jej tajemnicza nazwa.

•

Zupa z kwaśnych liści Opata Teodoryka

Składniki

OK. 1 KG GNATÓW WIEPRZOWYCH SCHABOWYCH (KOŚCI) • 1 DUŻA MARCHEW • 1 PIETRUSZKA • 1 SELER • 1 ZĄBEK CZOSNKU • 1 POR • 1 CEBULA • 6 DUŻYCH GARŚCI SZCZAWIU • 150 ML ŚMIETANY 30% • 2 ŻÓŁTKA UGOTOWANYCH JAJEK (NAJLEPIEJ PRZEPIÓRCZYCH) • ZIOŁA: POKRZYWA, BAZYLIA, SZAŁWIA • SÓL DO SMAKU

Do dużego garnka wlewamy 5 l wody, wrzucamy kości, marchew, pietruszkę, seler, por, ząbek czosnku, cebulę i gotujemy przez 2 godziny. Od szczawiu odrywamy ogonki i dodajemy do zupy. Zupę pozostawiamy na małym ogniu jeszcze przez godzinę. Przyprawiamy do smaku solą i ziołami oraz śmietaną z dwoma rozmąconymi żółtkami. Dodajemy siekaną pokrzywą i podajemy z przepiórczymi jajami ugotowanymi na twardo. Dawniej zupę jedzono z chlebem, bułką, ziemniakami, białym serem pokrojonym w kostkę lub jajkiem w koszulce.

Oertel

5.

W domu babci nigdy się nie przelewało. Kuchnia była więc prosta. Musiała być też szybka, bo w gospodarstwie zawsze było pełno innej pracy. W komorze obok wędzonki, jajek, mąki stała zawsze kamionka pełna zakwasu. Na szybki, zrobiony od ręki biały barszcz. Babcia była z niego znana, a zakwas – ceniony w okolicy. Bywały dni, że nawet kilka sąsiadek przybiegało po prośbie z butelkami. Kiedy już babcia napełniła butelkę, gosposie zostawiały na stole grosze – może kierowała nimi wdzięczność, a może wyrzuty sumienia. Dziadek pochylał się i liczył, psiocząc na skąpstwo sąsiedztwa. W jakiejś celebrze, kiedy kończył, z gestem bankiera składał palce i pstrykał do mnie jedną z monet. Wystarczało na chwilę szczęścia. Lizaka lub landrynkę smakowałam wtedy jak bogacze kawior. Słodycz zalepiała zęby i atakowała zmysły. A gdy uczta dobiegała końca, wyjmowałam na opuszce palca resztki ambrozji. I delikatnie patrzyłam przez cukrzane szkiełko na świat. Malinowe wiadro na kompoście, zieloną krowę sąsiadów, żółte koty wygrzewające się na żółtych dachach...

I znów przychodziła sąsiadka, babcia napełniała butelkę, a dziadek liczył...
– Albo niech dają więcej, albo je pogoń – krzywił się.
I pstrykał do mnie kolorowy świat.
Dzisiaj zapalam lampki na grobie dziadków. Migoczą za kolorowymi szkiełkami... A ja wracam zamyślona z cmentarza. W domu nastawię zaraz biały barszcz, bo zakwas zawsze trzymam.

Barszcz biały na zakwasie z prawdziwkami

Składniki

ZAKWAS : ½ KG MĄKI RAZOWEJ • SUCHA SKÓRKA RAZOWEGO CHLEBA • ½ GŁÓWKI CZOSNKU • ¾ LITRA ZAKWASU BIAŁEGO BARSZCZU • 6–8 SUSZONYCH PRAWDZIWKÓW • 4 ŁYŻKI WIEJSKIEJ ŚMIETANY • ZIEMNIAKI • CEBULA • MASŁO • PĘCZEK WŁOSZCZYZNY • SÓL I PIEPRZ DO SMAKU

Przygotowujemy zakwas na barszcz – do kamionkowego naczynia (2,5-litrowego) dodajemy mąkę razową, suchą skórkę razowego chleba, obrane ząbki czosnku. Zalewamy do pełna ciepłą wodą. Mieszamy tak, żeby nie było grudek, przykrywamy lnianą ściereczką i pozostawiamy w temperaturze pokojowej na 2–3 dni. Następnie wyjmujemy skórkę, a kamionkę przenosimy w chłodniejsze miejsce.
Prawdziwki płuczemy i pozostawiamy na noc namoczone w 300 ml letniej wody. W 3-litrowym garnku gotujemy włoszczyznę, następnie dodajemy grzyby razem z wodą, w której były namoczone. Do garnka z wywarem wlewamy zakwas (3/4 litra) i zagotowujemy, po czym doprawiamy śmietaną. Na koniec całość doprawiamy do smaku solą i pieprzem. Barszcz podajemy z ziemniakami okraszonymi cebulą podsmażoną na maśle.

6.

Ksiądz Mateusz poprosił mnie o przygotowanie czegoś lekkiego na ważne spotkanie z opatem sandomierskich dominikanów, ojcem Ludwikiem. Lekkiego, błagał, bo opat słynie z umiaru w diecie. Pomyślałam sobie: niech ksiądz mówi do mnie jeszcze, a bo ja nie znam zakonników? I postanowiłam: upiekę moją szynkę, niech gość wie, że mu nie żałujemy!

Ksiądz kręcił się po salonie podenerwowany. Stół czekał zastawiony surówkami i kaszami, a gwiazda wieczoru właśnie się dopiekała. Punktualnie o 18.00 rozległo się pukanie i do przedpokoju wszedł chudy, schorowany staruszek. Nalał sobie wody i, patrząc na kasze i surówki, podziękował za przygotowanie tak... wystawnej kolacji!

– Smacznego – wyjąkałam, rozumiejąc, że przesadziłam z tą szynką...

Już miałam to tak zostawić, gdy dominikanin pociągnął nosem i zapytał, co to za zapach dochodzi z kuchni. Duchownemu nie wypada ściemniać, więc powiedziałam mu o duszeniu wieprzowiny w winie, smalcu i śmietanie... Z każdym moim słowem ksiądz Mateusz coraz bardziej bladł, za to opat – wręcz przeciwnie – oczy świeciły mu się jak rozżarzone węgielki! Natychmiast poprosił mnie o przyniesienie potrawy. Odzyskałam śmiałość! Uśmiechnęłam się triumfalnie i pobiegłam do kuchni.

Wyobraźcie sobie, że zakonnik zjadł dwa soczyste plastry, a nawet (w trosce o trawienie) poprosił o moją pigwówkę! W końcu syty i zadowolony spytał o nazwę dania. Odpowiedziałam nieśmiało, że właściwie to nazwy nie ma, ale możemy ją teraz „ochrzcić" na przysmak opata Dominika! Pełen pokory zakonnik zamyślił się, po czym uznał, że to zabawny pomysł, biorąc pod uwagę, że opat prawie nie jada wieprzowiny.

Przysmak Opata

Składniki (6 porcji)

OK. 1,5 KG SZYNKI WIEPRZOWEJ • 3 MARCHEWKI • 3 CEBULE • ½ SELERA • 2 PAPRYKI • 1 ½ SZKLANKI CZERWONEGO WINA • 2 SZKLANKI ŚMIETANY 18% • SMALEC • ZIOŁA: CZĄBER I MAJERANEK • SÓL I PIEPRZ DO SMAKU

Szynkę dobrze nacieramy ziołami i pozostawiamy na 2 doby pod przykryciem w kąpieli z czerwonego wina. Następnie kroimy w dość duże kawałki i podsmażamy na smalcu. Przyrumienione mięso wkładamy do brytfanny i zalewamy 1 szklanką czerwonego wina oraz 2 szklankami śmietany. Pieczemy do miękkości (ok. 1,5 godziny) w temperaturze 160°C. Następnie obkładamy mięso warzywami pokrojonymi w dość duże kawałki. Doprawiamy solą i pieprzem i ponownie wkładamy do pieca na 20–30 minut. Upieczone wykładamy na półmisek i serwujemy z kaszą jęczmienną, kaszą gryczaną, chlebem lub ziemniakami.

Karp

faszerowany kaszą gryczaną i grzybami

7.

Nie ma to jak magia świąt Bożego Narodzenia! Zwłaszcza w dzieciństwie, kiedy świąteczny czas rozciągał się... Zanim nastąpiły te właściwe – domowe – święta, były te w szkole i z chórem w kościele... Jednym słowem, kilka dobrych „wigilii". Ja pamiętam szczególnie jedną – klasową.

Mieliśmy w podstawówce kolegę, który nazywał się Józek Omyłka. Nigdy nie spotkałam człowieka o tak dopasowanym nazwisku! Bo Józek wszystko robił nie tak. Miał być sprawdzian z geografii, on się uczył na matmę. Kiedy pytali z historii, on był wykuty z polskiego... Koniec końców wiedział wszystko, ale zawsze za późno. Skarpetki nosił w najróżniejszych konfiguracjach, nigdy parami. Często ze sklepu zamiast cukru niósł mąkę, a okulary – zamiast do kieszonki na piersi, wkładał do tej z tyłu spodni, przez co ciągle były pogięte.

Nadszedł dzień wigilii klasowej – powszechnie wyczekiwany, głównie przez możliwość bezkarnego obcałowywania się. Tym razem Omyłka zgłosił się na ochotnika, miał przynieść jemiołę. Czekaliśmy na korytarzu, gdy nagle wynurzył się zza filara, niosąc na ramieniu kilka zbrązowiałych gałęzi świerku! Znowu wszystko mu się pomyliło!

Oczywiście, nikomu brak jemioły nie przeszkodził, pod świerkiem całowało się nie gorzej. Jedynie do Omyłki nie podeszła żadna z dziewczyn, bo przed wyjściem z domu zdążył pomylić wodę kolońską ojca ze spirytusem salicylowym. W końcu zlitowałam się nad nim. Józek, zaskoczony całusem i życzeniami, zaprosił mnie do swojego domu, który z ciekawości odwiedziłam w święta. Prawdę mówiąc, byłam gotowa się założyć, że u Omyłków nie obchodzą Bożego Narodzenia, ale przez pomyłkę Wielkanoc. Nic z tych rzeczy. Jego mama okazała się doskonałą gospodynią, a karpia, którego tam spróbowałam, robię do dzisiaj.

Karp faszerowany kaszą gryczaną i grzybami

Składniki (6 porcji)

1,5 KG KARPIA • 15 DKG KASZY GRYCZANEJ • 10 DKG SUSZONYCH PRAWDZIWKÓW • 2 CEBULE • 4 ŁYŻKI MASŁA • 2 ŻÓŁTKA • 150 ML ŚMIETANY • KILKA ŁYŻEK BULIONU • SÓL I PIEPRZ DO SMAKU

Grzyby myjemy, namaczamy, gotujemy, a następnie kroimy w paski. Karpia sprawiamy, nie odcinając głowy, nacieramy solą. Kaszę zalewamy szklanką wrzątku, dodajemy sól, pieprz i łyżkę masła, gotujemy. Cebulę obieramy, siekamy i podsmażamy na maśle, aż się zeszkli. Następnie dodajemy grzyby i całość podsmażamy. Mieszamy z kaszą, doprawiamy solą i pieprzem. Gdy farsz przestygnie, dodajemy żółtka. Doprawionym nadzieniem faszerujemy rybę, zszywamy lub spinamy wykałaczkami, układamy w brytfannie. Podlewamy resztą stopionego masła i 2 łyżkami wody. Pieczemy 50 minut w temperaturze 180°C, często podlewając powstałym tłuszczem. Upieczonego karpia przekładamy na półmisek i polewamy wcześniej przygotowanym sosem: sos z pieczenia łączymy z bulionem, śmietaną i szybko zagotowujemy.

8.

Nigdy nie miałam szczęścia do facetów. Zawsze, gdy któregoś poznałam, od razu było coś nie tak... Albo z nim, albo ze mną. Nawet jak był fajny, ułożony, pracowity, grzeczny, to po miesiącu odkrywałam w nim jakiś defekt, nieraz defekcik. Powiem szczerze, przyszedł dzień, że nie wytrzymałam i poszłam z tym do psychologa...

Miła pani wysłuchała mnie i poradziła zagrać va banque. Jak mówią młodzi, pójść na wariata. I tak wieczorem byłam już zarejestrowana w portalu dla singli, a po tygodniu poznałam Andrzeja, chłopaka ze Starachowic. Czatowaliśmy ze

sobą kilkanaście dni, aż wreszcie zaproponował spotkanie. Czekałam na to, super... Ale zaraz, z obcym facetem, w obcym mieście, a wiadomo, kto to jest? Uznałam, że najlepszym miejscem na spotkanie będzie plebania. Oczywiście, był to błąd...

Gęś kupiłam u znajomej. Ani duża, ani mała – idealna. Piekłam cały dzień. Całe serce w nią włożyłam, żeby temu przeznaczonemu przez los zaimponować. Ksiądz Mateusz z nerwów, czy żeby mnie nie krępować, wyszedł już o 17.00. A ja liczyłam sekundy. W końcu 18.00! Jest dzwonek, czyli punktualny. Otwieram i nie wierzę. Przystojny, lekko szpakowaty z pięknym bukietem. Żeby nie uciekł od razu, sadzam go do stołu. Bo gęś długo nie może stać, wyschnie. Próbował coś mówić, nawet o księdza spytał, ale ja, że wyszedł, chałupa nasza i tak dalej. Gęś na stół... i patrzę. Łapki czyste, inteligenckie, nic brudu pod paznokciem. Wie, do czego widelec, do czego nóż. Naprawdę, idealnie, aż nagle spojrzał na zegarek i jak trafiony piorunem się poderwał. W locie pożegnanie i tyle go widziałam... Ot mężczyzna, kolejny zawód. I wstyd, bo co to teraz powiedzieć Mateuszowi? Że zjadł gęś i nawet się nie odezwał?

Zaczęłam sprzątać, kiedy znów odezwał się dzwonek do drzwi. Otwieram, a tu... kolejny facet z kwiatami.

– Pan do kogo?

– Jestem Andrzej, byliśmy umówieni.

Pomyliły się mu, sierocie, godziny. Oczywiście, był niski i miał zeza. Ale co tam, zaprosiłam go na gęś, której nie chciał nawet spróbować. Wegetarianin. Chwilkę pogadaliśmy o tym, jak genialnym urządzeniem jest Internet, po czym Andrzej sobie poszedł. Dopiero po kilku dniach okazało się, że ten pierwszy przystojniak to kanonik z Lublina, kolega Mateusza. Wpadł poprosić o przepis na gęś, więc mu dałam, prosząc o modlitwę w mojej intencji. Bo co mi zostało?

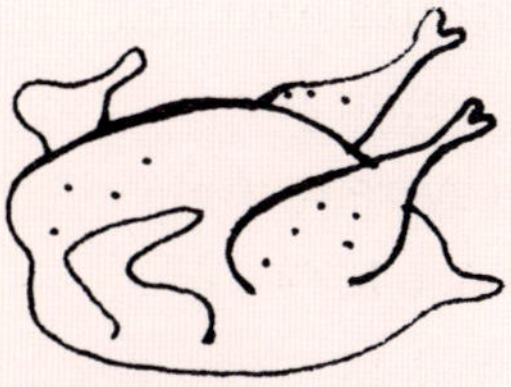

Gęś pieczona z jabłkami i kapustą

Składniki (4 porcje)

1 DORODNA GĘŚ KOŁUDZKA • 1 CYTRYNA • ½ ŁYŻECZKI KMINKU • 4 CEBULE • 10 DUŻYCH JABŁEK • KILKANAŚCIE DROBNYCH WINNYCH JABŁEK • 1 ŁYŻKA MĄKI • 1 KG CZERWONEJ KAPUSTY • 125 ML CZERWONEGO WINA • SÓL I CUKIER DO SMAKU

Sprawioną gęś płuczemy, nacieramy solą wewnątrz i na zewnątrz. Jabłka pozbawiamy gniazd nasiennych i kroimy na ćwiartki. Nadziewamy gęś drobnymi jabłkami, formujemy. Duże jabłka wkładamy do brytfanny, układamy na nich gęś i wstawiamy do gorącego piekarnika. Pieczemy (45 minut na kg mięsa) w 160°C, polewając tłuszczem, który wytapia się z gęsi, i skrapiając wodą. Kapustę płuczemy, cienko szatkujemy, dodajemy obraną i pokrojoną w krążki cebulę oraz kminek, zalewamy niewielką ilością wrzącej wody, zagotowujemy, odcedzamy (wywar można zostawić – przyda się później). Upieczoną gęś wyjmujemy, dzielimy na porcje. Kapustę układamy na środku półmiska, a porcje gęsiny – dookoła. Podajemy na ciepło z ziemniakami.

9.

W Mikołaja wierzyłam bezkrytycznie. Przez całe dzieciństwo, a nawet później. Bo jak nie wierzyć w kogoś, kto nie nawalał i zawsze tego samego dnia, w każdą Wigilię, meldował się z prezentami? No, w każdym razie, prezenty się meldowały. Przyszedł jednak dzień, że i we mnie zaczęło coś pękać. Przez te najmądrzejsze, wtajemniczone w dorosłość koleżanki. Kiedy pytana zaklinałam się, że wierzę w niewidzialnego dobroczyńcę, ich twarze rozświetlał uśmiech wyższości. W końcu zorientowałam się, że ze swoją wiarą pasuję już tylko do pierwszaków i naiwnych drugoklasistów. Nie pozostawało nic innego, jak sprawdzić, złapać niebiańskiego biskupa za brodę albo polec w naiwności...

U nas w Wigilię zawsze było normalnie – najpierw modlitwa i lektura Ewangelii. A po opłatku – jedzenie. Na początek barszcz, potem cała reszta i na koniec coś na słodko. Z 12 potraw, które przewijały się przez wigilijny stół, dla mnie obowiązkowa była tylko jedna – kasza jaglana ze śliwkami. Uwielbiałam ją.

Raz, że mi smakowała, dwa – dopóki nie została zjedzona, Mikołaj nie przychodził. Tak mi się to wbiło w głowę, że uwierzyłam w magię tej kaszy. Jej sprzątnięcie ze stołu oznaczało nieuchronne nadejście Mikołaja. I prezentów! Miałam już 12 lat. Choinka stała przystrojona. Wypatrywanie gwiazdy i opłatek. I jeszcze czekanie na kaszę... Ojciec i matka rozbawieni wpatrywali się, jak trzęsąc uszami, pochłaniałam kolejne łyżki. Byłam przekonana, że im więcej zjem, tym wspanialszy będzie prezent. I jak zwykle nagle nadchodził ten moment... Nie, nie, nie chodzi o prezent. Krótka walka i zryw do toalety. Przykro wspominać o tym w takim momencie, ale śliwki w nadmiarze swoje robią. I właśnie wtedy, siedząc po królewsku, usłyszałam nerwową krzątaninę. Mama z ojcem wnosili coś dużego! To było olśnienie! „Mikołaj" zawsze wykorzystywał moment, kiedy śliwki odciągały mnie od stołu.
To był rower. Na pewno mi się podobał, chociaż nie za bardzo go pamiętam. Zostało mi jednak w głowie, że choć może nie do wszystkich przychodzi sam święty, to ma na świecie armię pomocników, bo radość z dawania jest większa niż z dostawania. I że to wszystko działa dzięki kaszy, której nigdy nie może zabraknąć na moim stole.

•

Kasza jaglana ze śliwkami

Składniki

1 SZKLANKA KASZY JAGLANEJ • 1 SZKLANKA SUSZONYCH ŚLIWEK • CUKIER DO SMAKU

Kaszę musimy sparzyć dwa razy wrzącą wodą, którą odlewamy, aby kasza straciła goryczkę. Zalewamy 7 szklankami wody, dodajemy śliwki bez pestek i gotujemy, mieszając od czasu do czasu, by kasza i śliwki się rozkleiły. Na koniec lekko doprawiamy do smaku cukrem. Ma być nie za gęsta i nie za rzadka. Smakuje wyśmienicie jako deser, również podczas wieczerzy wigilijnej.

10.

Wujek Wiesław przyjechał do nas, żeby pomagać przy żniwach. Nauczyciel, miejski człowiek, przy okazji niezły dziwak. Już w trakcie śniadania zakomunikował, że za wędliny do kanapek uprzejmie dziękuje. Tata delikatnie rzucił uwagę, że czeka ich cały dzień w polu, w upale. O chlebie z serem i sałatą się nie wytrzyma. Wiesiek jakby nie usłyszał, inni pokręcili głowami i w końcu poszli na żniwa.

Kiedy wróciliśmy na obiad, odmówił schabowego. Zjadł tylko zupę i ziemniaki z mizerią. A na deser wsadził głowę do wiadra z wodą ze studni. Rześki, już rwał się z powrotem na pole. Nie ma co, zaimponował mi.

Trzeciego dnia rano mama zatrzymała mnie w domu. Miałam pilnować obiadu, a dokładnie – zająć się naszym domowym przysmakiem, pieczenią z Koprzywnicy, niewielkiej miejscowości z okolic Sandomierza, z której pochodziła mama. Ledwo zdążyłam wsadzić brytfankę do piekarnika – usłyszałam wołanie wujka. Wszyscy o nim zapomnieli?! Myślałam, że zaspał, ale sytuacja była znacznie poważniejsza. Siedział na łóżku blady, zupełnie bez sił. Czoło mokre od potu. Nie wiedziałam, jak mu pomóc. Kogo zawiadomić, jak zawieźć do lekarza? Pobiegłam na pole, ale po drodze wpadłam na sąsiadkę. Sędziwa Hania popatrzyła na wujka i kazała przynieść jajko. Rozbiła mu je nad głową, bo to podobno nigdy nie zaszkodzi, a pomóc może... Zajęta Wiesławem, zapomniałam o pieczeni. Ale zapach z kuchni doszedł w końcu nad łóżko chorego.

– Coś się piecze? – wyszeptał wujek.

W ostatniej chwili wyjęłam pieczyste. Kiedy wzięłam się za ziemniaki, do kuchni doczłapał się Wiesiek. Nadal bez sił, ale już głodny. Usiadł i szeptem poprosił o kawałek mięsa. Żuł, stękał... Po czym poprosił o dokładkę. W końcu przegryzł kawałkiem chleba, popił zsiadłym mlekiem i wróciły mu kolory. Tego samego wieczoru, kiedy zrzucali snopki w stodole, znów rozsadzała go energia. Co tu dużo gadać, na zasłabnięcie pieczeń z Koprzywnicy jest idealna!

•

Pieczeń koprzywnicka

Składniki (6 porcji)

60 DKG CHLEBA MIESZANEGO PSZENNO-ŻYTNIEGO (NP. KOPRZYWNICKIEGO) • 3 DUŻE SELERY • ½ LITRA MLEKA • 3–5 JAJ • 2 DUŻE CEBULE • 10 DKG ŻÓŁTEGO SERA • 1 SZKLANKA PŁATKÓW OWSIANYCH • 1 PĘCZEK ZIELONEJ PIETRUSZKI • ½ SZKLANKI OLEJU SOJOWEGO • ½ SZKLANKI OTRĘBÓW LUB BUŁKI TARTEJ • BAZYLIA, MAJERANEK • SÓL I PIEPRZ DO SMAKU

Obrany seler kroimy w plastry i gotujemy w małej ilości wody. Chleb moczymy w mleku, potem odciskamy. Cebulę siekamy. Seler rozgniatamy widelcem, mieszamy z chlebem, płatkami i startym serem, jajami, cebulą, olejem, zieleniną i przyprawami. Długą formę smarujemy, wysypujemy otrębami, a następnie napełniamy masą. Pieczemy około 40 minut w temperaturze 140°C. Po upieczeniu wyjmujemy z formy i kroimy w grube plastry. Pieczeń koprzywnicką można podawać z sosami, surówkami, ziemniakami, makaronem lub kaszą.

11.

Dopiero po latach dowiedziałam się, że naprawdę miał na imię Stanisław, a Bazyli to było przezwisko. Od Bazyliszka – niby że nie wolno pozwolić, by zajrzał w oczy. Dziwaczne, bo tak naprawdę nie było w nim nic groźnego. Ba, traktowano go ze specyficzną sympatią, jaką rezerwuje się dla nieszkodliwych, wioskowych głupków. Ale to wszystko odkryłam znacznie później. Kiedy miałam dziesięć lat, budził we mnie grozę. Ponury niemowa, o twarzy żaby, bat na niegrzeczne dzieci. Przyłapani na kradzieży grochu u sąsiada czy kąpieli w gliniance zawsze słyszeliśmy, że Bazyli weźmie nas na wychowanie.

Szedł drogą i nagle skręcił do naszej furtki. Niziutki jak wyrośnięty skrzat, grubawy, a przy tym energiczny, z jakąś ukrytą siłą.

– Jeśli się boisz, siedź w domu – uspokoiła mnie matka.

I poszła otworzyć drzwi. Nie zrozumiałam ich rozmowy, ale po chwili Bazyli pielił w naszym ogródku warzywniak. Mama wałkowała ciasto na pierogi.

– Nie pomożesz mi? – zapytała mnie.

Kiedy zalepiałam boki pierożków, mama opowiadała o Bazylim, znajdzie wychowanym i karmionym przez wieś. Nie miał domu, żył pokątnie w obejściach. Nikt nie odmówił mu pracy, bo Bazyli nie szukał pieniędzy, ale jedzenia. Dziś pielił ogródek za obiad.

Woda zakipiała. Ugotowane pierogi tańczyły na jej powierzchni. Mama odcedziła je i okrasiła słoniną. Bazyli już czekał. Nieśmiało, trzymając dystans, usiadłam. Nie mogłam jeść, czekając, aż na mnie spojrzy. Ale on, pochylony, tylko mlaskał. Jadł tak łapczywie, że prawie się męczył!

– Zadławi się pan – zaryzykowałam i odezwałam się pierwsza.

Bazyli machnął ręką. Zrobiło mi się go żal i pobiegłam po kompot. Nie minęła minuta, kiedy wróciłam. Bazylego już nie było. Nie było też pierogów... Ani jego, ani moich, ani miski.

Mama tylko głośno się zaśmiała, bo dostrzegła w tym zdarzeniu jedną niezwykłą rzecz. Doprowadzające do szaleństwa działanie swoich pierogów...

●

Pierogi Bazylego

Składniki (4 porcje)

CIASTO: 40 DKG MĄKI • 1 JAJKO • 1 ŁYŻKA OLEJU • SÓL •
NADZIENIE : 10 DKG KASZY GRYCZANEJ • 30 DKG BIAŁEGO SERA WIEJSKIEGO
• 8 DKG CEBULI • 8 DKG SŁONINY ALBO WĘDZONEGO BOCZKU
• 1 ŁYŻKA MASŁA • SÓL I PIEPRZ DO SMAKU

Kaszę gryczaną płuczemy na gęstym sicie, wsypujemy do osolonego wrzątku i gotujemy pod przykryciem do miękkości. Twaróg, jeśli jest zbyt mokry, odciskamy w płóciennej serwetce i przecieramy przez sito. Cebulę obieramy, płuczemy i podsmażamy. Do mąki dodajemy wodę – tyle, by zagnieść dość luźne ciasto. Przykrywamy miseczką i odstawiamy na kilkanaście minut. Następnie ciasto rozwałkowujemy, wykrawamy krążki lub kwadraciki. Nakładamy nadzienie, zlepiamy pierogi, kładziemy na osolony wrzątek i gotujemy około 5 minut. Podajemy okraszone skwarkami ze słoniny lub wędzonego boczku.

12.

Kugiel z naszych sandomierskich ziemniaków kojarzy mi się z późnym latem. To pora wykopków. Uwielbiałam tę pracę. Nie mogłam wysiedzieć do ostatniej lekcji, jeśli wiedziałam, że na skąpanym w słońcu, bezkresnym – zdawałoby się – polu ziemniaków rodzice i znajomi, gawędząc bez końca, cierpliwie posuwają się naprzód. Bo wykopki to coś więcej niż praca – to rodzaj spotkania towarzyskiego. Sąsiedzi pomagają nam, to i my pomagamy sąsiadom. A w trakcie – co można robić? Tylko zabawiać się rozmową.

Kiedy byłam całkiem mała, rodzice doczepiali do kołówki mały wózek, na co dzień służący do wożenia trawy. Miałam swoje wiaderko, zbierałam do niego ziemniaki i wsypywałam je do tego wózka. Jeśli się zmęczyłam, ktoś przychodził mi pomóc, żebym nie zostawała sama na końcu.

Tego roku dostałam dziwnego pomocnika. Znajomy rodziców z Sandomierza. Typ włóczykija. Wołali go „filozof", bo dużo gadał, i to dziwnych rzeczy. Nikt się nim nie przejmował, bo zajęty gadaniem, odstawał. Spędziłam z nim mnóstwo czasu, bo razem wlekliśmy się za resztą. Było śmiesznie – taki duży i taki leń, pracował w tempie małej dziewczynki, zajęty rozmową z samym sobą.

Opowiedziałam mu o kuglu, który mama robi dla wszystkich na koniec wykopków. I nagle okazało się, że był strasznym łakomczuchem! Widząc we mnie rozmówczynię, wszedł na temat kulinariów. To od niego dowiedziałam się, że Francuzi jedzą ślimaki. Namówiliśmy się, że zrobimy mamie dowcip i podmienimy boczek na warstwę duszonych winniczków. A potem wytłumaczymy, że to kugiel po francusku.

Mieliśmy jeszcze kilka innych ciekawych pomysłów, ale nie udało nam się żadnego zrealizować. Nazajutrz po filozofa przyjechała jakaś pani z Sandomierza. Strasznie na niego nakrzyczała, że włóczy się po wsiach, zamiast siedzieć w domu. Żeby się uspokoiła, daliśmy jej worek ziemniaków, który razem z filozofem zabrała do Sandomierza. A ślimaków do dzisiaj nie spróbowałam, choć zawsze, kiedy robię kugiel, przypominam sobie o nich...

Kugiel mieszczański

Składniki (12–14 porcji)

3 KG ZIEMNIAKÓW • 1 KG MIĘSA BARANIEGO, GĘSIEGO LUB KACZEGO • 4 CEBULE • 30 DKG BOCZKU WĘDZONEGO • 4 JAJA • ¼ SZKLANKI MĄKI ZIEMNIACZANEJ • ¼ SZKLANKI MĄKI PSZENNEJ • 1 SZKLANKA ŚMIETANY 30% • SZCZYPTA MAJERANKU, • OREGANO, ROZMARYN (MOGĄ BYĆ ŚWIEŻE ZIOŁA) • OLEJ DO SMAŻENIA I POSMAROWANIA FORMY • SÓL, PIEPRZ (NATURALNY I ZIOŁOWY) DO SMAKU

Ziemniaki myjemy, obieramy i ścieramy na tarce jak na placki ziemniaczane. Cebulę obieramy, kroimy w drobną kostkę i smażymy na złoty kolor. Wystudzoną cebulę mieszamy z masą ziemniaczaną, jajkami i mąką. Całość doprawiamy przyprawami: ziołami, solą i pieprzem. Boczek kroimy w cienkie plasterki i lekko podsmażamy, aby częściowo wytopił się z niego tłuszcz. Sprawioną tuszkę mięsa (gęsiego, kaczego lub baraniego) oddzielamy od kości i kroimy na małe kawałki. Pokrojone mięso podsmażamy na oleju, doprawiamy solą, pieprzem, ziołami. Grubą blachę do pieczenia smarujemy olejem. Piekarnik rozgrzewamy do temperatury 250°C. Przygotowane wcześniej składniki układamy na blasze kolejno warstwami: lekko wytopiony boczek, masę ziemniaczaną, podsmażone mięso, masę ziemniaczaną, podsmażone mięso, masę ziemniaczaną, boczek (można także przygotowaną masę ziemniaczaną wymieszać z podsmażonym mięsem i cebulą, a całość upiec na złoty kolor). Blachę z ciastem ziemniaczanym wkładamy do piekarnika na najniższą półkę na mniej więcej 1,5 godziny. Po tym czasie podnosimy blachę i pieczemy jeszcze przez godzinę, ciągle w tej samej temperaturze. Kugiel będzie dobry, gdy na wierzchu będzie zarumieniony. Podajemy go pokrojonego w duże kawałki. Dobrze smakuje polany sosem borowikowym z dodatkiem surówki z kiszonej kapusty lub polany kwaśną śmietaną.

13.

Zabierałam się do szykowania kolacji, na którą zapowiedział się ksiądz biskup. Nagle, już po majowym, wpadł ksiądz Mateusz. Podał mi jakieś pudełko, zagryzł świeżego kalafiora i tyle go widziałam. Dopiero po chwili przypomniałam sobie o niespodziance w pudle...

Dobra gospodyni nie potrzebuje w kuchni niczego poza ostrym nożem, wałkiem, tarką i tłuczkiem. Ale co tu dużo mówić, maszyna to maszyna. Dla przykładu, zamiast się męczyć, przecierając coś przez sito, rach-ciach i mamy idealną masę. Tak! W środku był srebrniutki blender. Nasz parafianin, obnośny sprzedawca AGD, z wdzięczności zostawił go księdzu.

W planach na wieczór był mus jabłkowy, więc na pierwszy ogień poszły winne renety. Mus wyszedł aksamitny. Na posypkę zmieliłam włoskie orzechy. Potem... nadszedł wieczór. Księża siedzieli w cieniu, na werandzie. A ja serwowałam specjały. Mus jabłkowy z bitą śmietaną i posypką orzechową, koktajl jagodowy, lody bananowe. Na finał jeszcze deser z białego twarożku i brzoskwiń, doprawiony miętą. Biskup na pożegnanie podziękował za kolację. Znów przypomniał sobie młode lata. Jego babcia też wszystko przecierała i mówiła, że na starość, kiedy zabraknie mu zębów, znów będzie cieszył się takimi potrawami. Trochę się zmieszałam, ale z wrodzonym humorem rzucił, że kiedy się zestarzeje, na pewno bardzo często będzie mnie odwiedzał.
Piękny blender nie wytrzymał zbyt długo. Teraz używam już profesjonalnego. Więcej, nie umiałbym bez niego odnaleźć się w kuchni.
Podrzucam prosty pomysł na zupę. Potrzebny jest blender i gar warzyw. Na końcu wyjdzie wam aksamitny, cieszący każde podniebienie krem.

•

Krem kalafiorowy

Składniki

RÓŻYCZKI Z 2 ŚREDNIEJ WIELKOŚCI KALAFIORÓW • 1 ZIEMNIAK • 10 DKG POKROJONEJ W PASKI WŁOSZCZYZNY • 10 DKG SERA TOPIONEGO TYLŻYCKIEGO • 1 ŁYŻECZKA MASŁA • 1 ŁYŻKA TARTEGO PARMEZANU • 20 DKG ŚMIETANY DO ZUPY 18% • 10 ML OLIWY Z OLIWEK Z PIERWSZEGO TŁOCZENIA • NATKA PIETRUSZKI • SZCZYPTA SUSZONEJ BAZYLII • SÓL I PIEPRZ DO SMAKU

Do dużego garnka wkładamy wszystkie obrane i umyte warzywa oraz zioła i zalewamy wodą do ¾ objętości warzyw. Gotujemy przez 30 minut i dodajemy sery, śmietanę i masło. Gotujemy kolejne 25 minut. Następnie wszystko blendujemy na jednolitą masę, solimy i pieprzymy do smaku. Krem podajemy skropiony oliwą z oliwek.

14.

Nigdy nie zapomnę, co odpowiedział włoski znajomy naszego biskupa, ksiądz Marco, na pytanie o ulubione polskie słowo: CIELĘCINA. Dlatego gdy Marco znów się pojawił w Polsce i miał wpaść na kolację, nie myślałam długo, co będzie serwowane. Ponieważ zaproszeni byli sami panowie, wpadłam na pomysł, że duszona w ciemnym piwie cielęcina będzie idealną propozycją. Zwłaszcza że trzy butelki piwa od dłuższego stały w spiżarce. Ciemne, mocne piwo nie ma u nas wzięcia. Przynajmniej tak mi się wydawało.
Pierwszy łyk nie dał mi pewności, czy piwo jest świeże. Drugi – już tak. Piwo było zaskakująco interesujące – oczywiście w smaku. Gęste, niespodziewanie lekkie, odrobinę słodkawe. Tak, tak, i na pewno świeże. Z tych rozważań wyrwał mnie telefon. Dzwoniła Jadwiga, ta, co sprząta u mecenasa Rokowskiego, cała zapłakana, że atramentu nie może sprać z jego koszuli. Telefonicznie spróbowałyśmy spirytusu, soku z cytryny... Kiedy wreszcie pomogło mleko, zauważyłam, że moja butelka jest pusta. W sumie dobrze, że wypiłam, bo mogłam rozlać. Wstając od stołu, zaniepokoiłam się jednak, bo na kredensie stała jeszcze jedna butelka – też pusta... Cholera! Jadwiga to zawsze zagada człowieka. Z drugiej strony udało mi się odkryć, że ciemne piwo może być niezłe. Tragedii nie było, została jeszcze trzecia flaszka, w sam raz na pieczeń. Schowałam do lodówki i ruszyłam na bazarek po cielęcą szynkę. Niestety, przez to piwo i Jadwigę spóźniłam się i u rzeźnika zobaczyłam tylko puste haki.

Z braku laku upiekłam więc szynkę, ale wieprzową. Przyrządziłam ją w zaimprowizowanym sosie z włoskich suszonych pomidorów, które osobiście kiedyś podarował mi Marco. Wszyscy byli zachwyceni... a ja, przyjmując gratulacje, wyjęłam tę trzecią buteleczkę, bo sukces w kuchni zawsze trzeba opić.

Pieczona szynka w sosie z suszonych pomidorów

Składniki (4–6 porcji)

1,20 KG SZYNKI WIEPRZOWEJ • 3 MARCHEWKI • 15 PLASTERKÓW SUSZONYCH POMIDORÓW Z OLIWY • OLIWA Z SUSZONYCH POMIDORÓW • 1 DUŻY POR • 1 GAŁĄZKA ROZMARYNU • 6 ZĄBKÓW CZOSNKU • 1 ŁYŻKA MAJERANKU • 1 ŁYŻKA MĄKI ZIEMNIACZANEJ • SZCZYPTA SUSZONEJ BAZYLII • 1 ŁYŻKA MĄKI ZIEMNIACZANEJ • 100 ML BIAŁEGO WYTRAWNEGO WINA • SÓL I PIEPRZ DO SMAKU

Szynkę myjemy, osuszamy, doprawiamy solą, pieprzem i majerankiem. Wkładamy do żaroodpornego naczynia, dodajemy 1 marchewkę pokrojoną w plastry i ząbki czosnku w całości. Przykrywamy pokrywką lub folią aluminiową, pieczemy w temperaturze 220°C przez 1,5 godziny. Do rondla lub na patelnię wlewamy oliwę z suszonych pomidorów, dodajemy pokrojony w półplastry por i podsmażamy, aż por się skarmelizuje. Dodajemy pokrojoną w półplastry marchew, zalewamy wszystko winem i 1 ½ szklanki wody. Gotujemy przez 40 minut, wlewając sos z upieczonego mięsa. Zagęszczamy mąką ziemniaczaną, dodajemy rozmaryn, suszone pomidory. Doprawiamy solą i pieprzem. Kroimy szynkę na plastry grubości 0,5 cm i zalewamy ją przygotowanym sosem. Wstawiamy na 30 minut do piekarnika rozgrzanego do temperatury 220°C. Po wyjęciu podajemy z kaszą gryczaną i surówką z kiszonego ogórka.

Pieczona szynka

w sosie z suszonych pomidorów

15.

Z tym sandaczem to śmieszna historia. Zostaliśmy kiedyś zaproszeni z księdzem Mateuszem na ślub w sąsiedniej parafii. Piękny kościółek pod Sandomierzem, wzruszająca uroczystość, pełno gości... Problemy zaczęły się po ślubie. Wchodzimy do restauracji, w której miało odbyć się wesele, a tam... zawał! Ludzie czekają, nikt nie podaje do stołu, orkiestra gra drugi raz na wejście młodej pary... Od razu zapytałam, czy można jakoś pomóc. Miałam dobre przeczucie, bo w kuchni zastałam istną sodomę i gomorę! Kelnerzy czekali, pomocnicy kucharza stali zdezorientowani, a kucharz siedział na zapleczu pijany jak bela...

Co było robić, przejęłam dowództwo. Zakąski były niemal gotowe, szybkie doprawienie rosołu i jazda na stół. Z kolejnymi daniami, które wymagały głównie podgrzania, wpadałam w coraz większe zdumienie. Wszystko było nie tyle dobre, ile doskonale smaczne. Kiedy w końcu przyszło do podania sandacza w sosie borowikowym, wpadłam w regularny zachwyt. Spróbowałam raz, drugi i trzeci, z każdym kęsem był coraz lepszy, wręcz fantastyczny. Delikatny (sandacz ma najdelikatniejsze mięso), z wyraźną, ale nieprzesadzoną nutą grzybowego aromatu. Kiedy sandacz trafił na stoły, w kuchni pojawił się w końcu nieco otrzeźwiały kucharz. Skacowany, nie do końca zdający sobie sprawę z własnej nieodpowiedzialności. Grzecznie podziękował za pomoc, a ja zaczęłam wyciągać od niego przepisy. Facet nie miał żadnych tajemnic, poza jedną. Wszystko musiało być proste i z najświeższych produktów. Taka jest podobno najlepsza kuchnia w Europie. Choć prosta, to skomponowana z najlepszych gatunków warzyw, mięs itd. Jeśli więc macie świeżego sandacza, świeże borowiki – macie doskonałe danie, którym zaskoczycie najwytrawniejszego smakosza. Daję słowo honoru!

•

Filet z sandacza w sosie borowikowym

Składniki (4 porcje)

2 FILETY Z SANDACZA (OK. 500 G FILET) • 1/2 KG BOROWIKÓW (ŚWIEŻYCH LUB MROŻONYCH) • 1 CEBULA • 2 DUŻE ŁYŻKI MASŁA • 5 ŁYŻEK OLIWY Z OLIWEK • DUŻA SZCZYPTA POSIEKANEJ NATKI PIETRUSZKI • 40 DKG MARCHEWKI • 40 DKG KORZENIA PIETRUSZKI • SÓL I PIEPRZ DO SMAKU

Do rondla lub na patelnię wlewamy 4 łyżki oliwy z oliwek i dodajemy pokrojoną w kostkę cebulę. Borowiki kroimy w plastry, dodajemy do cebuli i podsmażamy. Gdy grzyby wraz z cebulą podsmażą się na złoto, wlewamy 300 ml zimnej wody i dodajemy masło. Gotujemy, aż woda odparuje, doprawiamy natką, solą i pieprzem. Filety z sandacza solimy, pieprzymy i polewamy 2 łyżkami oliwy. Na rozgrzanej teflonowej patelni smażymy rybę przez 4 minuty z każdej strony. Sandacza polewamy sosem borowikowym. Obieramy marchewkę i pietruszkę, kroimy w słupki, wykładamy na blachę posmarowaną oliwą i posypaną solą. Pieczemy przez 15–20 minut w temperaturze 200°C. Rybę podajemy z pieczonymi warzywami i pęczakiem.

16.

Uwaga! Ta potrawa inspiruje!

Siedzę sobie w kuchni i beztrosko podskubuję cieniutki plasterek szynki parmeńskiej, a tu wpada Emilka. Chwila niezręcznej ciszy, przyłapana na małym łakomstwie chowam szynkę do kieszeni. A Emilka stoi wpatrzona w stół, na którym leżą piersi indyka, opakowanie po szynce, szparagi... I nagle podskakuje, rzuca tylko „dziękuję za inspirację" i wybiega. Już wieczorem dowiedzieliśmy się, co w młodej główce się zrodziło...

Był czerwiec, za pasem koniec roku szkolnego i dziewczyna szukała pomysłu na wakacyjną pracę. Szparagi podsunęły jej myśl, że pojedzie na zbiory do Niemiec. Ogólnie pomysł niegłupi, szkoda tylko, że tak daleko, bo Emilka nie ma jeszcze lat na takie wyprawy. Oczywiście, prosiła, błagała, po kątach płakała, ale pozostaliśmy nieugięci. Z drugiej strony – szkoda w dziewczynie gasić ambicje i skoro chce pracować... Skończyło się na tym, że Mateusz załatwił jej przez znajomych pracę w Krakowie.

I tak nasza Emilka spędziła dwa miesiące nie tylko pracując, lecz także – jak się okazało – prowadząc intensywne życie towarzyskie.

– W tym wieku wystarczy jeden dzień, żeby poznać pół miasta – mówiła mama. W tym wszystkim szparagi okazały się wybiegiem. Emilka nie jest w ciemię bita i od początku zagrała o większą stawkę, żeby osiągnąć mniejszy, ale upragniony cel. Dobrze wiedziała, że zbiory szparagów kończą się na św. Jana. W każdym razie z królewskiego miasta wróciła odmieniona. Chuda jak szparag, pełna wrażeń i, co najważniejsze, z nowym życiowym celem – studiami w Krakowie.

Filet z indyka nadziewany szparagami i owinięty szynką parmeńską w sosie kurkowym

Składniki (4 porcje)

2 FILETY Z PIERSI INDYKA INDYKPOL • 12 DUŻYCH ZIELONYCH SZPARAGÓW (MOGĄ BYĆ MROŻONE) • 8 PLASTERKÓW SZYNKI PARMEŃSKIEJ • 12 ŁYŻEK OLIWY Z OLIWEK • 2 CEBULE • 40 DKG POSIEKANYCH BLANSZOWANYCH KUREK • 400 ML WYTRAWNEGO BIAŁEGO WINA • 1/2 L ŚMIETANY KREMOWEJ 30% • SZCZYPTA NATKI PIETRUSZKI • SZCZYPTA BAZYLII SUSZONEJ • SÓL I PIEPRZ DO SMAKU

Piersi z indyka myjemy, dzielimy na połówki, każdą połówkę przecinamy delikatnie na pół (ale nie do końca) i przyprawiamy solą, pieprzem oraz suszoną bazylią. Do tak zamarynowanego indyka wkładamy szparagi. Mięso zawijamy w szynkę. Podsmażamy na oliwie, wkładamy do żaroodpornego naczynia i pieczemy 15 minut w temperaturze 180°C. Do garnka wlewamy oliwę, wsypujemy pokrojoną w kostkę cebulę, kurki i podsmażamy, aż cebula się zeszkli. Zalewamy białym winem i 1,5 l wody. Gotujemy, aż woda z winem odparują, dodajemy śmietanę. Gotujemy przez 15 minut, dodając sól, pieprz i natkę pietruszki. Tak przygotowanym sosem zalewamy upieczonego indyka. Podajemy z gnocchi i miksem sałat.

17.

Znajomy podarował mi dziś pięknego, złowionego w jednej z naszych glinianek lina. Przypomniał mi tym moje pierwsze „dorosłe" wakacje...
Miałam siedemnaście lat i jakimś cudem udało mi się wyrwać z paczką przyjaciół za miasto, nad jeziorko słynące z pysznych karasi i linów. Chłopcy zabrali wędki, ale nici wyszły z połowu, bo okazało się, że jezioro oferowało atrakcje nie tylko wędkarzom. Miało pewną magiczną właściwość – kiedy ktoś mówił coś, stojąc na jednym brzegu, dźwięk niósł się po wodzie tak idealnie, że na drugim dało się usłyszeć każde, nawet najcichsze słowo! Od chwili odkrycia przez nas tego zjawiska większość dnia spędzaliśmy oczywiście zgrupowani po dwóch stronach jeziora – z jednej dziewczyny, z drugiej chłopaki – przekazując sobie „po wodzie" różne wiadomości, których pikanteria rosła wraz ze spożytą ilością jabłkowego wina... Wieczorem za to zbieraliśmy się przy ognisku, gdzie grupy mieszały się, by zawiązać damsko-męskie sojusze. Mnie zabajerował pewien Maciek. Nawet, nawet mi się podobał i wszystko byłoby pięknie, gdyby nie zdradziło go nasze magiczne jeziorko. Otóż kolejnego wieczora poszliśmy sobie na spacer. Nagle, słuchając wyznań amanta, usłyszałam dwie koleżanki. Po drugiej stronie jeziora jedna żaliła się drugiej, co też ten Maciek jej kiedyś nie naobiecywał! No kropka w kropkę to samo, co teraz mnie!
Nie zrobiłam mu awantury, ale uciekłam do namiotu. Popłakałam sobie niemal do świtu. W końcu, nie mogąc usnąć, wzięłam wędki i poszłam na pomost. Unosiła się już poranna mgła, kiedy spławik z rosówką drgnął i po kilku chwilach miałam pierwszego lina. Potem był drugi, trzeci... Starczyło dla wszystkich, a przepis na to superdanie podrzuciła moja kumpela Danka. Maciek nawet nie tknął – i dobrze, bo chyba krew by mnie zalała.

Lin pieczony w sosie z zielonego ogórka

Składniki (1 porcja)

1 CAŁY DUŻY LIN • ½ ZIELONEGO OGÓRKA • ½ CEBULI • 200 ML BIAŁEGO WYTRAWNEGO WINA • 1 GAŁĄZKA ŚWIEŻEGO ROZMARYNU • POKROJONA W PASKI SKÓRKA Z CYTRYNY (BEZ BIAŁEJ BŁONY) • SOK Z 1 CYTRYNY • 1 ŁYŻKA MASŁA • 150 ML ŚMIETANY KREMOWEJ 30% • DUŻA SZCZYPTA POSIEKANEJ NATKI PIETRUSZKI • 1 ŁYŻKA OLIWY Z OLIWEK • SÓL I PIEPRZ DO SMAKU

Rybę patroszymy, skrobiemy z łusek, nie odcinamy głowy, ale pozbawiamy ją oczu. Myjemy dokładnie pod bieżącą wodą. Osuszamy, solimy i pieprzymy. Do środka ryby wkładamy pół gałązki rozmarynu i skórkę z cytryny. Tak zamarynowaną rybę odstawiamy na noc do lodówki. Na dużej patelni podsmażamy lina przez 2 minuty z każdej strony. Wkładamy podsmażoną rybę do naczynia żaroodpornego i pieczemy w rozgrzanym do 170°C piekarniku około 25 minut (uważając, aby się za bardzo nie przypiekła). Do garnka wkładamy masło, wlewamy oliwę i rozgrzewamy, dodając pokrojoną w kostkę cebulę. Gdy podsmażymy cebulę, dodajemy starty na grubej tarce ogórek i chwilkę podsmażamy, żeby ogórek puścił aromat. Zalewamy wszystko winem oraz śmietaną i gotujemy, aż sos zrobi się gęsty. Doprawiamy go solą, pieprzem i posiekaną natką pietruszki. Gotowym sosem polewamy upieczonego lina. Rybę podajemy z pieczonymi ziemniakami oraz miksem sałat.

18.

Ksiądz Mateusz to Boży Człowiek. Niestety, jak to z takimi ludźmi bywa, często są oderwani od ziemi. Niespodziewanie, kończąc kolację, przypomniał sobie, że następnego dnia zatrzyma się u nas wycieczka jadąca do Częstochowy. Podobno 30 osób.

– Czy miałaby Natalia coś na obiad? – zapytał.

– A ksiądz myśli, że plebania to koszary? 30 osób to pluton! – odparowałam. Zmieszany, wycofując się z pomysłu, poprosił tylko, żeby podać kawę i herbatę. On, wracając od chorych, miał kupić jakieś ciasteczka. Zrobiło mi się głupio. Przecież to znajomi Mateusza. Jak ich nie ugościć? Poza tym w życiu liczą się tylko wyzwania. Czy naprawdę nie umiem zrobić obiadu dla batalionu pielgrzymów?... Właśnie! Batalionu! Wojskowa inspiracja okazała się bezcenna. Przynajmniej dla babci.

– Zalewaj Natka groch. Będzie zupa chociaż.

– A może fasolka? Taka nasza, po korczyńsku?

Namoczyłam jaśka i rano wzięłam się do pracy. Bus podjechał na Anioł Pański. Zamiast 30 przyjechało tylko 10 osób... A niech to szlag, tyle pracy... Ksiądz, widząc moją minę, pocieszał i chwalił. A ja, patrząc na ogromny gar, doszłam do wniosku, że niemożliwe jest jednak jak najbardziej możliwe. Zrobione? Zrobione. I wszystkim smakowało! Zresztą co tu zepsuć? Zaraz sami się przekonacie, jakie to proste. Po pielgrzymach został niemal pełny gar fasoli. Chciałam już to zawekować, ale wpadł Nocul. Następnego dnia wpadli już we dwóch – z Możejką, a Piotr zjadł dwie miski. Kilka dni i wszystko poszło. Bo im dłużej fasolka stała, tym była lepsza.

•

Fasolka po korczyńsku

Składniki (6 porcji)

40 DKG FASOLI KORCZYŃSKIEJ • 20 DKG MIĘSA WIEPRZOWEGO • 10 DKG BOCZKU WĘDZONEGO • 10 DKG SCHABU • 20 DKG WIEJSKEJ KIEŁBASY • 2 ŚREDNIE CEBULE • 1/2 L PRZECIERU POMIDOROWY • SÓL I PIEPRZ DO SMAKU

Fasolę namaczamy przez kilka godzin w wodzie, następnie płuczemy w zimnej wodzie, dodajemy mięso i gotujemy, aż fasola będzie miękka. W międzyczasie podsmażamy boczek, kiełbasę i schab wraz z pokrojoną w dużą kostkę cebulą. Na koniec dodajemy przecier pomidorowy wraz z wędliną, zagotowujemy.

19.

Mamy w naszym regionie sposób na to, by bezkarnie zajadać się słodkościami. Aromatyczny, mięciutki piernik, pieczony z żytniej, a nie pszennej mąki! Uwielbiam go od dziecka.

Miałam może z sześć lat i właśnie zaczęło się lato. Jak na złość trochę się rozchorowałam. Moja przyjaciółka Ewcia mieszkała po drugiej stronie drogi. W ogrodzie obok domu jej tata wykopał małą sadzawkę. Była to oczywiście największa atrakcja na naszej ulicy. Jednak przez głupie przeziębienie kompletnie dla mnie niedostępna, zakazany owoc. Mama, widząc moje cierpienia (bo co tam katar...), kupiła mi na pocieszenie skakankę.

Cóż, skakanka supersprawa, ale jak się bawić sznurkiem, kiedy wokół nikogo do towarzystwa?

Postanowiłam złamać zakazy. Za drzwiami było słychać dziecięce krzyki. Z nieba lał się żar, koleżanki w najlepsze skakały do wody, bawiąc się we wściekłe syrenki... Nie wytrzymałam! W sekundę zrzuciłam rzeczy i dołączyłam do morskiej bandy. Robienie fal, uciekanie przed piratami było tak cudowne, że zupełnie straciłam poczucie czasu...

Z amoku wyrwał mnie dopiero krzyk mamy. Chyba nigdy tak szybko się nie ubierałam! Wróciłyśmy do domu, mama nawet się nie gniewała. Chyba bawiło ją wspomnienie szaleńczo pływającej na golasa córki.

A ja oczywiście rozchorowałam się do reszty i już zupełnie nie mogłam wychodzić na podwórko. Ale mękę siedzenia w domu osładzały mi wieczory, kiedy owinięta w gruby koc popijałam gorące mleko, zagryzając pysznym maminym piernikiem...

•

Piernik z mąki żytniej

Składniki

4 ½ SZKLANKI MĄKI ŻYTNIEJ PYTLOWEJ • 6 JAJEK • 30 DKG MASŁA • 1 SZKLANKA NATURALNEGO MIODU (NAJLEPIEJ SPADZIOWEGO) • ½ SZKLANKI CUKRU • 1 SZKLANKA MLEKA • 3 ŁYŻECZKI SODY • 2 ŁYŻECZKI PRZYPRAWY KORZENNEJ DO PIERNIKA

Oddzielamy żółtka od białek, ucieramy masło z cukrem i kolejno dodajemy żółtka. Do utartej masy dodajemy szklankę miodu, sodę i przyprawy, mąkę oraz mleko. Białka ubijamy na sztywną pianę i dodajemy do utartej masy piernikowej. Delikatnie mieszamy. Ciasto wlewamy do posmarowanej tłuszczem brytfanny, wstawiamy do rozgrzanego do temperatury 160°C piekarnika z termoobiegiem, bez termoobiegu - 180°C (a najlepiej pieca chlebowego) i pieczemy przez 1 godzinę.

20.

Miałam kilku dziadków. Dwóch prawdziwych i kilku takich przyszywanych. Leon należał do grupy doszytej, był stryjecznym bratem prawdziwego dziadka, Stefana. Pamiętam, że kiedy przyjeżdżaliśmy do Leonów, nigdy go nie było. To znaczy był, ale zawsze na polowaniu. Kiedy wracał i opowiadał swoje przygody, marzyłam, żeby kiedyś zabrał mnie do lasu na prawdziwe łowy. Wciąż jednak byłam za mała.

Tego dnia babcia Leonowa kazała mi zagnać na noc kury i kaczki do kurnika. Kiedy wyszłam na podwórko, pojawił się Leon. Z tajemniczym uśmiechem zawołał mnie i z pokrowca wyjął pożyczoną wiatrówkę.

– No, mała. Chcesz chodzić na polowania? To będziemy się uczyć strzelać.

Zaniemówiłam. Najpierw pokazał mi, jak składać broń i ładować śruciny... Chwilę później stałam już z wiatrówką wycelowaną w drewniane drzwi obory. Palec na cyngiel, chwila celowania w sękatą deskę i bach! Z wrażenia poleciałam do tyłu, jakbym strzeliła co najmniej z armaty... Ale to była dopiero pierwsza próba. Po kilku następnych lekko zdziwiony szybkimi postępami Leon zapytał, czy nie chciałabym spróbować strzelić do celu? Też mi pytanie! Kanka na mleko stanęła przed drzwiami. Ale to byłoby zbyt proste, więc na kance znalazła się jeszcze puszka. Sama już złamałam wiatrówkę, załadowałam śrutem. Uspokojenie oddechu, celowanie... Nacisnęłam spust... i w tym momencie przez niedomknięte drzwi na podwórko wyszła gęś. Dekoncentracja albo rykoszet – zamiast puszki gęś padła na miejscu. Przerażeni z dziadkiem spojrzeliśmy po sobie. Chyba zobaczył, jak w moich oczach zakręciły się łzy. Przytulił mnie i się rozejrzał, po czym cichutko zabrał gęś do drewutni. Trudno opisać, co wtedy czułam, w każdym razie było to moje pierwsze i ostanie strzelanie w życiu.

Babcia, widząc sprawioną gęś, politycznie zachowała milczenie. Nawet nie chciałam jej potem spróbować, ale Leonowie mnie w końcu do tego namówili. Gęś była palce lizać.

•

Gęś nadziewana kaszą gryczaną

Składniki

1 GĘŚ • 3–4 ZĄBKI CZOSNKU • 2 ŁYŻKI MAJERANKU • SÓL

NADZIENIE: • 1,5 SZKLANKI KASZY GRYCZANEJ • PODROBY Z GĘSI • 2 CEBULE • 15 DKG GRZYBÓW • 2 ŁYŻKI POSIEKANEJ PIETRUSZKI • 2 JAJKA • 2 ŁYŻKI MASŁA

Wyjmujemy podroby z gęsi. Wymoczoną i osuszoną tuszkę gęsi nacieramy czosnkiem roztartym z solą i majerankiem i pozostawiamy na klika godzin w chłodnym miejscu. W międzyczasie przygotowujemy nadzienie: dusimy na sypko kaszę gryczaną, osobno gotujemy grzyby, siekamy je drobno z cebulą i dusimy na maśle. Podroby kroimy w małą kostkę, łączymy z kaszą, grzybami, cebulą, dodajemy natkę pietruszki oraz żółtka i dokładnie wyrabiamy. Z białek ubijamy pianę i dodajemy do masy, delikatnie mieszając. Gęś napełniamy farszem i zaszywamy. Układamy w wysmarowanej brytfannie i wstawiamy do piekarnika rozgrzanego do temperatury 180°C. Gdy gęś się zarumieni, pieczemy jeszcze około 2 godzin. Upieczoną gęś podajemy z kluskami na parze, kopytkami, czerwoną kapustą zasmażaną z jabłkiem lub duszoną kiszoną kapustą z grzybami.

21.

W kuchni mojej babci zawsze pachniało ziołami. Znała się na nich i sama je zbierała. Wiedziała, na co mogą pomóc, a na co zaszkodzić. Byłam jej ulubienicą – mawiała ze śmiechem, że prędzej piekło zamarznie, niż przestanę pytlować – ale jeśli myślicie, że babcia dzieliła się ze mną swoją tajemną wiedzą zielarską, to jesteście w błędzie. Wszystko zapisywała w pożółkłym brulionie, a ten trzymała w szufladzie zielonego, kuchennego kredensu. Klucz do szuflady chowała gdzieś w kuchni, ale nikt nie widział, gdzie. Zupełnie jakby się bała, że przepisy i opisy wpadną w niepowołane ręce i wywołają zamęt. Nie myliła się. Któregoś dnia znalazłam wreszcie ten drogocenny klucz. Sprawdziłam, czy babci nie ma w pobliżu, i z wypiekami na twarzy zaczęłam wertować magiczny zeszyt. Do każdej strony umocowana była torebka z ziołami, a pod nią znajdował się opis. Niestety, babcia była mistrzem konspiracji – zamiast opisów, użyła jedynie skrótów oraz sobie tylko zrozumiałych znaków. Wyjątek stanowił... lubczyk. Babcia opisała go krótko, ale za to przejrzyście. Pamiętam do dzisiaj: „Levisticum officinale. Liście i korzeń lubczyka – nasilają moc miłosną". Ta informacja mnie poraziła! Kochałam się wówczas w rudym Olku, który w ogóle nie zwracał na mnie uwagi. Owszem, wpadał do mnie czasami po szkole, ale zaraz potem biegł do swoich spraw. Wymyśliłam więc, że kiedy odwiedzi nas następnym razem... zaparzę mu herbaty z lubczykiem! Wypije i zapała do mnie uczuciem! Zapała i będzie mi nosił teczkę. Jak pomyślałam, tak zrobiłam. Olek wypił, skrzywił się, ale nie zapałał. Zamiast tego dostał wysypki, bo okazało się, że na świeży lubczyk jest uczulony. Babcia najpierw zrobiła mi burę, że grzebię w jej skarbach, a potem mruknęła: „E, jak on od kawałka ziela choruje, to nie zawracaj sobie nim głowy!". Tak właśnie było. Ale zupa cebulowa z lubczykiem, którą polecam, na pewno żadnych sensacji nie wywoła – lubczyk idealnie równoważy ciężkość cebuli.

•

Zupa cebulowa z lubczykiem

Składniki

1 LITR WYWARU WARZYWNEGO • 4 CEBULE • 2 KROMKI CHLEBA RAZOWEGO • 1 KOSTKA MASŁA • 1 ŁYŻKA ŚMIETANY 30% • 1 ŁYŻECZKA SIEKANEGO LUBCZYKU • PRZYPRAWY: IMBIR, GAŁKA MUSZKATOŁOWA, ZIELE ANGIELSKIE • PIEPRZ DO SMAKU

Cebulę kroimy w kostkę, gotujemy w wywarze z połową masła do miękkości, następnie miksujemy. Rozpuszczamy resztę masła, dodajemy przyprawy i dolewamy do zupy. Dodajemy śmietanę i posiekany lubczyk. Podajemy z grzankami z chleba razowego.

22.

Pasztet, na który przepis zaraz wam podam, niektórzy nazywają „pałacowym", ponieważ łączy polską i francuską tradycję. Pamiętam, że pierwszy raz zrobiłam go którejś zimy w wigilię Bożego Narodzenia. Okazja była specjalna – ksiądz Mateusz zorganizował przyjęcie świąteczne dla seniorów z zaprzyjaźnionego z nami domu spokojnej starości. Na przyjęciu mieli być także obecni wszyscy nasi przyjaciele i każdy z nich miał coś pysznego na tę wigilię Wigilii przynieść: Nocul z Basią, Piotr, Waldek, a nawet Możejko, który co prawda gotować nie umie, ale obiecał, że coś przygotuje. Ja zdecydowałam, że przygotuję dwie formy pasztetu kurozwęckiego, który jest postny, ale nadzwyczaj aromatyczny i z powodzeniem może konkurować z klasycznymi kulebiakami. Jeśli tęsknicie za atmosferą świąt, jeśli chcecie, żeby dom stał się nagle świątynią wspomnień i kojarzył się z ciepłą przystanią, musicie go zrobić. Zapach obgotowywanej kapusty niektórzy uważają za przykry. Ja przeciwnie. Kojarzy mi się z opowieściami babci, mamy, czasami z rodzinnymi przekomarzaniem, bo nie ma rodziny, w której od czasu do czasu ktoś nie oberwałby ścierką przez głowę. Ale właśnie do takich chwil wraca się z prawdziwą nostalgią i sentymentem. Noculowie przynieśli wtedy rybę w galarecie, Piotr – śledzia, Waldek – kutię, Możejko (w którego nie wierzyłam) zaserwował domowe pierogi z kapustą i grzybami (pyszne, podobno lepił je razem z Dominikiem), jednak największym przebojem w czasie tej przemiłej kolacji stał się mój pasztet. Wszyscy zajadali się nim, aż im się uszy trzęsły. Dwie panie seniorki wyprosiły mnie o przepis, tak im smakował!

•

Pasztet kurozwęcki

Składniki (4 porcje)

1 KG KISZONEJ KAPUSTY • 5 DKG SUSZONYCH GRZYBÓW • 35 DKG MASŁA • 1 JAJKO • ¾ KG MĄKI • KWAŚNA ŚMIETANA • SÓL I PIEPRZ DO SMAKU

Kiszoną kapustę wraz grzybami dusimy na maśle i przyprawiamy. Zagniatamy ¾ kg mąki z masłem, jajkiem, wodą i solą na kruche ciasto. Tak przygotowanym ciastem wykładamy formę pasztetową, napełniamy przygotowanym farszem z kapusty i przykrywamy resztą ciasta. Brzegi zlepiamy widelcem, nakłuwamy i schładzamy przez godzinę. Następnie pasztet wstawiamy do pieca na 1 godzinę i pieczemy w temperaturze 160°C. Podajemy polany sosem grzybowym ze śmietaną.

23.

W siadaniu do stołu jest coś magicznego. Wtedy wiadomo, że wszyscy są razem, że stanowią jedność. Wspólne posiłki budują bliskość. Kiedy kończy się wspólne biesiadowanie, traci się również poczucie bezpieczeństwa. Znacie takie domy, w których każdy jada gdzieś indziej i o różnej porze? Ja takich domów znam wiele. Wiem, że życie ma swoje wymagania i kiedy człowiek biega za pracą, to nie zawsze może być panem swojego czasu. Mimo to wszystkich zachęcam, aby choć raz w tygodniu zapędzali swoją rodzinę do stołu. Babcia, która czasami się ze mną kłóci, w tej jednej sprawie jest ze mną zgodna – celebrowanie posiłków spaja rodzinę. Oczywiście, trudno o lepszą okazję do takiej rodzinnej biesiady niż Wigilia, bo wtedy w naturalny sposób wszyscy jesteśmy wpleceni w świąteczną krzątaninę i sama kolacja jest już tylko ostatnim akordem rodzinności. Ale z tą Wigilią u nas do niedawna był mały problem. To znaczy ja ten problem miałam. Bo jest tak: dokładnie połowa domowników lubi czerwony barszcz (ja, ksiądz Mateusz i Emilka), a druga połowa (Babcia, Waldek i Piotr) – zupę grzybową. I do pewnego momentu musiałam gotować na Wigilię dwie zupy! Taka już jestem – staram się wszystkim dogodzić. Ale to się w końcu zmieniło i teraz mam spokój. Wszystkich pogodził w końcu świętokrzyski barszcz, który łączy w sobie obie te zupy i smakuje wybornie! Powiem wam w zaufaniu, że krąg jego adoratorów już się powiększa. Baśka Noculowa „wykradła" ode mnie przepis i z powodzeniem serwuje go w święta całej rodzinie. Smacznego!

Świętokrzyski barszcz wigilijny

Składniki

3 ŁYŻKI OTRĄB ŻYTNICH • KROMKA CHLEBA • 50 DKG SUSZONYCH GRZYBÓW • PORCJA WŁOSZCZYZNY • ½ SZKLANKI KASZY GRYCZANEJ • 2 ŁYŻKI OLEJU RZEPAKOWEGO • 1 ŚREDNIA CEBULA • ZIELE ANGIELSKIE • LIŚĆ LAUROWY • SÓL I PIEPRZ DO SMAKU

Przygotowujemy żur z otrąb żytnich – w kamionkowym naczyniu mieszamy 3 łyżki otrąb żytnich z 750 ml wody. Dodajemy kromkę chleba. Pozostawiamy na 2 dni w ciepłym miejscu. Następnie wyjmujemy chleb, a żur pozostawiamy na dalsze 3–4 dni. Grzyby płuczemy, moczymy przez 1 godzinę w zimnej wodzie i gotujemy do miękkości w tej samej wodzie. Wyjmujemy je, studzimy, kroimy w paski. Do wywaru dodajemy pokrojoną włoszczyznę, przyprawy i kaszę. Gotujemy zupę na małym ogniu. Drobno posiekaną cebulkę podsmażamy na oleju. Dodajemy do zupy grzyby, klarowny żur i cebulkę. Pozostawiamy do zagotowania. Ostatecznie przyprawiamy do smaku.

24.

W pewien sierpniowy dzień na plebanię przybyło czterech fachowców. Każdy wielki jak dąb, a jak się miało niedługo okazać – wszyscy nieruchawi tak jak drzewa. Mieli otynkować lewe skrzydło domu i naprawić dach. Pluskwa okropnie zrzędził, że Mateusz wynajął obcych robotników, bo jego zdaniem to była robota na dwa dni dla jednej osoby – dla niego. Ja oczywiście doceniam talent remontowy Pluskwy, ale tym razem chciałam, żeby wszystkie prace wykonali fachowcy. Waldek się obraził i sobie poszedł. A oni najpierw przez pół godziny naradzali się, gdzie ustawić drabinę, potem przez kolejne trzydzieści minut przyglądali się ścianie, a dopiero po godzinie jeden z nich wskoczył na dach, żeby określić zakres prac.

– Eh, cudownie się na nich patrzy. Przypominają mi się czasy PRL-u, kiedy jeszcze poziom cholesterolu miałam niski, a wigoru kilka deka więcej. Ci tutaj to ci sami fachowcy co wtedy! Czas się zatrzymał! – powiedziała z uśmiechem babcia, która przyszła do mnie do kuchni.

Ofuknęłam ją, że coś wymyśla i oni na pewno zaraz ruszą do roboty. Aż się będzie kurzyło! A babcia wargi wydęła i zawołała: „Akurat!". Minęły dwie godziny. Wychodzę do fachowców i patrzę – a oni siedzą i dywagują. Remont

Spyrok

Składniki (6 porcji)

1 KG SUROWEGO BOCZKU • 1 SZKLANKA MLEKA LUB ŚMIETANY • 2 ZĄBKI CZOSNKU • ZIELONA PIETRUSZKA • PRZYPRAWY: PAPRYKA, MAJERANEK, BAZYLIA • SÓL I PIEPRZ DO SMAKU

Boczek mielimy w maszynce i dokładnie wyrabiamy dolewając mleko. Dodajemy wyciśnięty czosnek i pokrojoną zieloną pietruszkę, doprawiamy do smaku solą, pieprzem, papryką, bazylią i majerankiem. Przekładamy do wysmarowanej formy, pieczemy około 1 godziny w temperaturze 160°C.

nieruszony. Dachówki jak były obszarpane, tak są. Pytam, jak robota, a oni wzdychają i od razu wchodzą w tryb filozoficzny. Że ściana nie jest od zawietrznej, więc gromadzi wilgoć i diabli wiedzą, jakiej farby użyć, żeby potem wszystko nie odpadło. A z dachem kłopot, bo jak się część dachówek ruszy, to potem po całości trzeba lecieć i wyrównywać, a oni księdza nie chcą na koszty narażać. I tak gadają. Oni gadają, a ja nic nie rozumiem oprócz tego, że robota w lesie. W duszy słyszę chichot Pluskwy: „A nie mówiłem?!". Poszłam sobie od nich, nic nie powiedziałam. Postanowiłam wziąć ich sposobem. Zaszyłam się w kuchni na dwie godziny. Tyle mniej więcej czasu potrzebowałam, aby z plebanii zaczął rozchodzić się cudowny aromat. Kiedy już wszystko miałam gotowe, babcię wysłałam na przeszpiegi. Wróciła po chwili i złożyła raport.

– Już nosami pociągają! Węszą, aż miło. Poruszenie! – relacjonowała.

Po kwadransie do kuchni zajrzał największy z fachowców – wielki jak szafa gdańska.

– Można wiedzieć, co gospodyni tu dobrego robi...?

– Spyrok! – odpowiedziałam. – Zmielony boczek upieczony z mlekiem i ziołami. Jak mi się uwiniecie ze wszystkim do wieczora, to może poczęstuję.

Wielki mlasnął, poruszał nozdrzami i szybko się pożegnał. Do wieczora skończyli robotę. Tak właśnie działa spyrok – jedzenie dla prawdziwych albo nieprawdziwych fachowców. Nawet Pluskwa się jeszcze na kawałek załapał. Zjadł z apetytem i tylko trochę ponarzekał, że musiał się podzielić takim rarytasem z fachowcami od siedmiu boleści.

25.

Tę zupę nazywam „jesienną energią", ponieważ jest sycąca, bogata w witaminy i proteiny. Wszyscy domownicy za nią przepadają, a najbardziej Waldek. Serwuję ją głównie w listopadzie, bo to jest miesiąc, kiedy przenikliwe zimno najbardziej daje się we znaki. Nawet typowo zimowe miesiące są łatwiejsze do zniesienia niż listopad. Kiedy Pluskwa zauważy, że na blacie kuchennym „dochodzi" fasola, a w garnku gotuje się wołowina, wiem, że nic go już z domu nie wygoni. Wyznał mi kiedyś, że podobną zupę gotowała jego mama. Soczyste pomidory nadają jej kwaskowatości, wołowina rozpływa się w ustach, a w połączeniu z fasolą na długi czas daje wrażenie pełni i sytości. Oczywiście, to nie jest „babskie" danie. Ale powiem wam w zaufaniu, że i ja lubię od czasu do czasu takie zawiesiste, bogate zupy, tym bardziej że wtedy drugie danie mamy z głowy, a i na następny dzień obiad jest już gotowy. Jeżeli coś zostanie, bo na przykład Pluskwa potrafi zrobić kilka rundek do kuchni i gdy nikt nie widzi, chłeptać po łyku prosto z chochli. Ja wiem, że to jest dobra zupa, ale moim zdaniem to podjadanie Pluskwy ma drugie dno – jemu ten smak przypomina dzieciństwo. On rzadko opowiada o domu rodzinnym, taki już jest, ale myślę, że był bardzo związany z mamą i niektóre dania bardzo mu się z nią kojarzą. Myślę, że ta fasolówka również. Poznajcie jeden ze smaków Pluskwy, nie pożałujecie.

Zupa z czarnej fasoli, pomidorów i wołowiny

Składniki

25 DKG UDŹCA WOŁOWEGO • 20 DKG CZARNEJ FASOLI • 12 CEBULE • 1 DUŻY POR • 3 ZĄBKI CZOSNKU • 20 DKG POMIDORÓW PELATTI (POMIDORY Z PUSZKI) • 1 ŁYŻECZKA SUSZONEGO OREGANO • 1 ŁYŻECZKA KMINU RZYMSKIEGO • 1 ŚWIEŻA PAPRYCZKA CHILI • 100 ML OLIWY Z OLIWEK DRUGIEGO TŁOCZENIA • DUŻA SZCZYPTA SOLI MORSKIEJ

Fasolę namaczamy w zimnej wodzie z solą morską na 6 godzin. Cebulę i czosnek kroimy w kostkę. Podsmażamy w garnku na oliwie z papryczką chili. Wołowinę kroimy w półcentymetrowe paski i dodajemy do garnka do podsmażonej cebuli. Podsmażamy przez 5 minut i zalewamy zimną wodą, tak aby mięso było delikatnie zakryte. Na suchej patelni podpiekamy oregano i kmin. Zioła dodajemy do gotującego się garnka. Wołowinę gotujemy, aż zrobi się miękka. W osobnym garnku gotujemy fasolę przez 30 minut, aż będzie lekko sprężysta. Ugotowaną fasolę dodajemy do wołowiny. Do garnka dodajemy pomidory. Gotujemy, aż z zupy odparuje nadmiar wody. Pod koniec solimy. Po ugotowaniu odstawiamy zupę na 2–3 godziny.

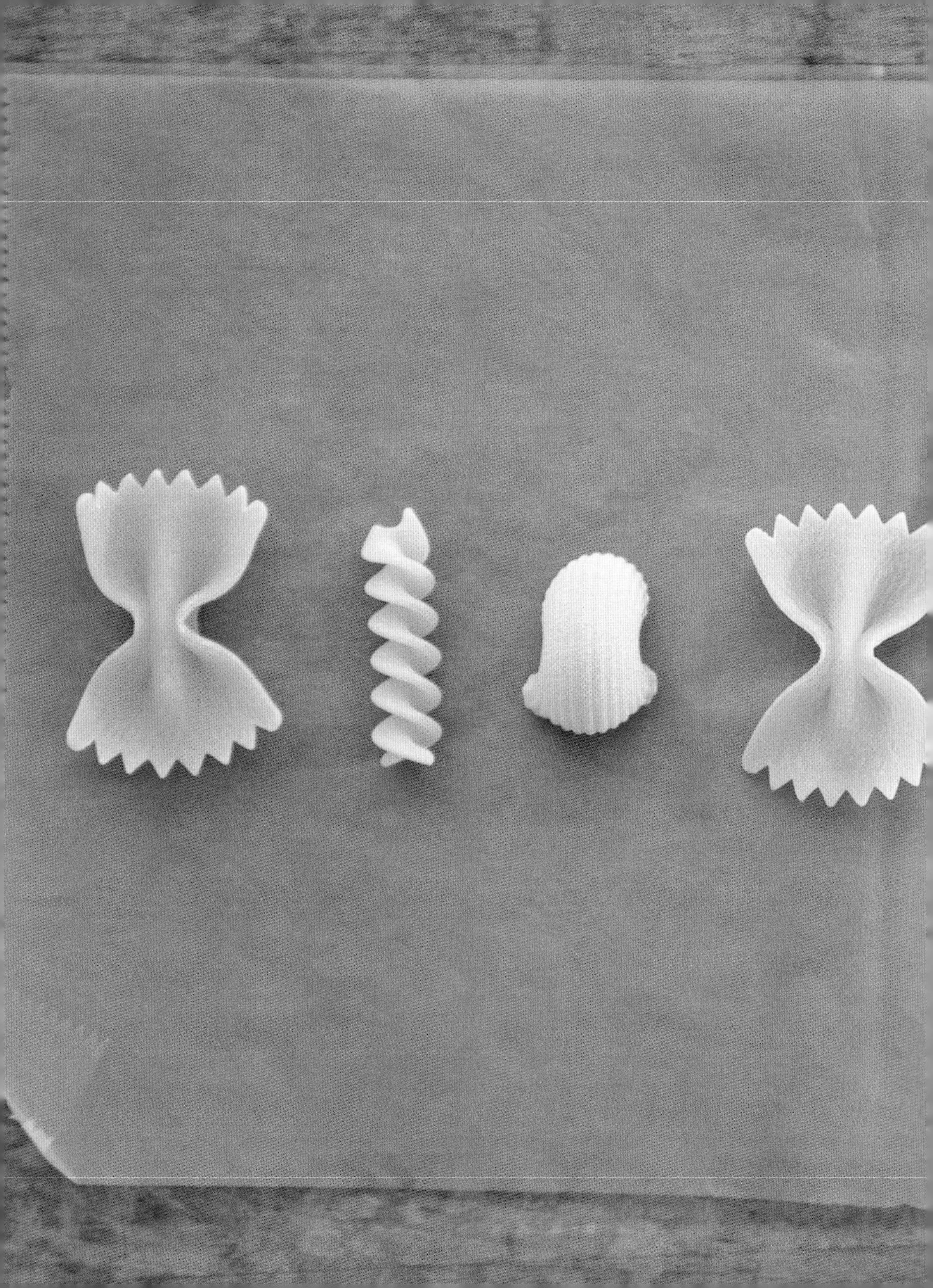

26.

Kiedy cały Sandomierz smażył się w upalnym słońcu i nawet gołębie leniwie kuliły się w cieniu, Piotr oznajmił, że odwiedzi nas gość z Włoch.

– Dzisiaj? I dopiero teraz mi mówisz? – zapytałam zagniewana, bo nie lubię takich niespodzianek.

A ten minę robi niewiniątka i mówi, że mu z głowy wyleciało. Włoch mu z głowy wyleciał! No pewnie! A przecież taki Włoch to wyzwanie! Ciągle tylko słyszę, jak to wszystko u nich najlepsze – jedzenie i kawa, taka aromatyczna... Jasne, wiem, ale dlatego nie mogę po prostu podać zwykłych pierogów. Wymyśliłam, że podam mu coś prostego, ale bardzo smacznego – farfalle z piersią indyka i parmezanem. Brakowało mi w domu tylko jednego – farfalle, makaronu w kształcie kokardek. Ponieważ czasu było mało, a musiałam jeszcze plebanię ogarnąć, poprosiłam Emilkę, żeby skoczyła do sklepu. Nie była zachwycona – upał nieziemski, nie ma czym oddychać.

– Natalia, co mam kupić? – zapytała.

Szłam właśnie ze ściereczką do salonu. Farfalle – rzuciłam przez ramię i zabrałam się do sprzątania pokoju. Emilka kiwnęła głową i poleciała. Pół godziny później na plebanii pojawił się Piotr z gościem, który nazywał się Marcello Castiglione. Włoch się wylewnie przywitał (jak ja to u nich lubię!), a potem rozejrzał się i powiedział, że u jego babci jest podobnie – miło i swojsko. Podziękowałam i usadziłam ich w jadalni. Wszystko prócz makaronu miałam już przygotowane, więc wiedziałam, że z daniem uporam się w niecałe pół godziny. Tylko brakowało mi makaronu. A Emilki ani widu, ani słychu. Poprosiłam Piotra, żeby zajął gościa rozmową i zadzwoniłam do Emilki. Odpowiedziała, że już wraca, zaraz będzie. Rzeczywiście pojawiła się za kilka minut, trzymając w ręku jakieś białe pudełko. Zajrzałam do środka, a tam kilkanaście kotlecików z ciecierzycy.

– Dziecko, co to jest? Bo makaronu tu nie widzę – zapytałam.

– Jak to co? – Zdziwiła się Emilka. – Falafel, przecież chciałaś, żebym je kupiła

– Jaki falafel? Miał być farfalle – makaron!

Ach ta Emilka! Jakie miałam wyjście? Podałam indyka z kotlecikami z ciecierzycy i zdrowo posypałam parmezanem. Ale wy kupcie farfalle, bo ta potrawa z makaronem jest najlepsza. Psyt – Marcello zachwycił się daniem, powiedział, że to najciekawsze połączenie, z jakim miał do czynienia. Dobre i to!

Farfalle z piersią indyka i parmezanem

Składniki (4–6 porcji)

30 DKG MAKARONU FARFALLE • 15 DKG PIERSI Z INDYKA INDYKPOL • 2 ŚWIEŻE POMIDORY • ½ CEBULI • 4 ŁYŻECZKI OLIWY • ½ ŁYŻECZKI MASŁA • 10 DKG POMIDORÓW PELATTI • 30 ML ŚMIETANY KREMOWEJ 30% • SZCZYPTA SUSZONEJ BAZYLII • PARMEZAN W KOSTCE • SÓL I PIEPRZ DO SMAKU

Do dużego garnka wlewamy wodę, solimy i po zagotowaniu – dodajemy makaron. Gotujemy przez 10 minut, a następnie hartujemy w zimnej wodzie. Indyka kroimy, marynujemy w łyżce oliwy z dodatkiem bazylii i soli. Pomidory obieramy i kroimy w kostkę. Na dużą patelnię wlewamy oliwę i dodajemy masło. Cebulę kroimy w kostkę i delikatnie podsmażamy. Dodajemy kawałki indyka i smażymy, aż mięso się zarumieni. Dodajemy pokrojone świeże pomidory i pomidory pelatti. Gotujemy przez 5 minut na dużym ogniu tak, aby woda z pomidorów odparowała i został sam sos. Gdy pasta będzie gotowa, dodajemy makaron, śmietanę oraz zioła. Dokładnie mieszamy, przyprawiamy solą i pieprzem. Nakładamy na talerze i posypujemy startym parmezanem.

27.

W moim domu rodzinnym rządziła tradycyjna, polska kuchnia. To nie wynikało z niechęci mojej mamy do zmian i rewolucji, lecz z bardzo silnego wpływu babci, która uważała, że nikt nie ma takiego smaku jak ona, więc naturalną rzeczą będzie, że to właśnie ona przejmie w domu rolę przywódcy kulinarnego. A ona lubiła tradycyjne smaki. Mama wcale z babcią o pierwszeństwo nie walczyła, a mnie i tacie taki układ bardzo odpowiadał, ponieważ babcia pichciła jak prawdziwa mistrzyni! Mieszkaliśmy w niewielkim domu – ja i rodzice zajmowaliśmy pokoje na piętrze, babcia pokój przy kuchni. I choć jako ranny ptaszek zaczynała krzątać się po kuchni już o szóstej rano, to tak naprawdę bardzo te odgłosy lubiłam. Najpierw skrzypiała podłoga, potem stukały drzwiczki szafki kuchennej, brzęknęło jakieś naczynie, a po chwili po domu rozchodził się aromatyczny zapach kawy. Dzieciństwo przez ten jej poranny rytuał kojarzy mi się właśnie z zapachem kawy i skrzypieniem podłogi. Kiedy żył dziadek, do tych odgłosów dochodził jeszcze szelest gazety i mruczące komentowanie najbardziej bulwersujących informacji. Ja też najbardziej lubię, kiedy na plebanii zapada cisza i spokój, kiedy wszyscy biegną do swoich obowiązków. Zasiadam wtedy na werandzie, gdy jest ciepło, i oddaję się lekturze. Niekiedy złapię jakąś fajną książkę, najchętniej o miłości, innym razem przejrzę poradniki, na przykład kulinarne. Kiedy ostatnio siedziałam sama na werandzie, a z ogrodu dochodziły śpiew ptaków i brzęczenie pszczół, zachciało mi się przygotować coś lekkiego jak bryza. Może wyrwać się z tradycyjnego, babcinego stylu gotowania i wprowadzić na plebanię smak kuchni śródziemnomorskiej? Żeby z jednej strony zapachniało świeżo startym parmezanem, bazylią, a z drugiej – żeby nie umęczyć się przy kuchni w taki piękny, ciepły dzień. Wymyśliłam, że zrobię sałatę z grillowanym indykiem! Natychmiast rzuciłam się do przygotowywania. Spróbujcie pójść w moje ślady, nie będziecie zawiedzeni!

Sałata z grillowanym indykiem, smażonymi pieczarkami i parmezanem

Składniki (4 porcje)

2 FILETY Z PIERSI INDYKA INDYKPOL • 20 DKG MIESZANKI SAŁAT (LODOWA, RADICCHIO, RUKOLA) • 2 POMIDORY • 1 ZIELONY OGÓREK • 2 CZERWONE PAPRYKI • 8 PIECZAREK • 1 CZERWONA CEBULA • 4 ŁYŻKI MIODU • 4 ŁYŻKI OCTU BALSAMICZNEGO • 4 ŁYŻKI OCTU WINNEGO CZERWONEGO • 12 ŁYŻEK OLIWY Z OLIWEK • 2 ZĄBKI CZOSNKU • 4 ŁYŻECZKI MASŁA • ZIOŁA DO SAŁATEK • SUSZONA BAZYLIA • PARMEZAN W KOSTCE DO STARCIA • SÓL I PIEPRZ DO SMAKU

MARYNATA: *12 ŁYŻEK OLIWY • SZCZYPTA SUSZONEJ BAZYLII • SÓL I PIEPRZ DO SMAKU*

Mieszamy składniki marynaty, zanurzamy w niej indyka i odstawiamy na 1 godzinę. Pomidora kroimy na cztery części, ogórka – na półplastry, pieczarki – w plastry, cebulę – w pióra, a paprykę – na trzy trójkąty. Do miski wlewamy ocet balsamiczny, ocet winny, dodajemy posiekany czosnek, przyprawy i mieszamy, następnie dodajemy oliwę i tak przygotowany sos odstawiamy na 1 godzinę.

Na środku dużego talerza rozkładamy sałatę i układamy na niej kawałki pomidora, ogórka, cebuli i papryki.

Na patelni grillujemy indyka, gdy będzie gotowy, zdejmujemy go, kroimy na ukośne plasterki i odstawiamy na bok. Na tej samej patelni smażymy na maśle pieczarki z dodatkiem soli i pieprzu. Na przygotowaną sałatę kładziemy indyka, obsypujemy smażonymi pieczarkami i startym parmezanem.

28.

Jak wiadomo, Pluskwa uwielbia łowić ryby, ja – wcale, a ksiądz Mateusz – od czasu do czasu. Ale jeść lubimy wszyscy. No, może poza Emilką, która z ryb najbardziej lubi ryż z truskawkami. Ja przepadam za halibutem i solą, babcia kocha przede wszystkim wędzone, Piotr lubi zupę rybną, Pluskwa zje rybę w każdej postaci, a ksiądz Mateusz ubóstwia śledzie. Jedząc je, śmieje się czasem, że to takie polskie sushi, czyli surowa ryba gotowa do zjedzenia. Powiem wam w zaufaniu, że osobiście nie przepadam za surowymi rybami, ale akurat śledzia w oleju chętnie zjem, zwłaszcza podczas świątecznej wieczerzy. O właśnie – święta. W menu kolacji wigilijnej nie może zabraknąć sałatki śledziowej. Tę sałatkę przygotowała w moim domu rodzinnym babcia i kiedy zaczęłam pracować na plebanii, postanowiłam dołączyć ją do stałego zestawu potraw świątecznych. Tylko ze śledziem jest taki problem, że on nie wygląda, jest szarawy i nieapetyczny, a jak się doda do niego jeszcze ziemniaki, to naprawdę trudno o zachwycający efekt. A wiadomo, że najpierw się je oczami – wie o tym każdy miłośnik samochodów, który w pierwszej kolejności „pożera" chromowane wykończenia karoserii... Wracając do kuchni... Musiałam coś wymyślić, żeby nie tylko chciało się nie tylko patrzeć na tego śledzia, lecz także go zjeść.

Złapałam chwilę i usiadłam w salonie. Na dworze mróz, śnieg wiruje pod latarniami, a ja dumam. Sięgnęłam po stary album z fotografiami z Sandomierza, przeglądam, kartkuję – i co nagle widzę? Spływ rzeczny z lat trzydziestych zeszłego stulecia! W łódkach siedzą panie w koronkowych sukniach i panowie we frakach, ale oprócz tych elegantów są tam też całkiem zwyczajni i skromni uczestnicy, jak nie przymierzając moje śledzie z ziemniakami! Popatrzyłam na nich z uśmiechem – niby przeciętni, ale w łódkach jakoś odświętni! Potrzebowałam więc łódki! Uznałam, że łódka doda mojej potrawie sznytu. W ten sposób do sałatki śledziowej doszlusowała cykoria. I wszystko wreszcie zaczęło wyglądać jak trzeba, czyli sma-ko-wi-cie!

Sałatka ziemniaczano-śledziowa w łódeczkach z cykorii

Składniki (3–4 porcje)

4 ZIEMNIAKI • 2 FILETY ŚLEDZIOWE • 1 CEBULA • 2 OGÓRKI KISZONE • GARŚĆ NATKI PIETRUSZKI • 2 ŁYŻKI MAJONEZU • 1 DUŻA CYKORIA • PIEPRZ I SÓL DO SMAKU

Filety moczymy przez noc w wodzie. Ziemniaki gotujemy, obieramy, kroimy w cienkie paski i wkładamy do miski. Śledzie osuszamy, kroimy w cienkie paski i dodajemy do ziemniaków. Następnie dodajemy posiekane w drobną kostkę cebulę i ogórki, posiekaną natkę oraz majonez i dokładnie mieszamy. Solimy i pieprzymy do smaku. Z cykorii odcinamy korzeń i odrywamy liście tak, aby ich nie uszkodzić. Na każdy liść nakładamy dużą łyżkę sałatki i układamy na talerzu lub półmisku. Dekorujemy listkami świeżej natki oraz posypujemy mielonym pieprzem.

29.

Na plebanii księdza Mateusza to ja zarządzam kuchnią, wiedzą to już wszyscy, nawet spora część mieszkańców Sandomierza. Ale początki nie były łatwe. Czasami czegoś nie doprawiłam, niekiedy coś przegotowałam albo przypaliłam. Zaczęło mnie to dręczyć, bo przecież moja babcia i mama gotowały wyśmienicie! Tak się tym martwiłam, że zaczęłam się dyskretnie doucząć. Kiedy wszyscy szli spać, brałam do pokoju książki kucharskie i wertowałam. I kiedy większość znanych mi pań odpływała w tym czasie, pochłaniając strony romantycznych opowieści, ja wczytywałam się w opisy pasztetów, mięsiw, zup, ryb, ciast i przystawek... Jakbym miała brać udział w jakimś telewizyjnym konkursie kulinarnym! W końcu gra szła o dużą stawkę. Musiałam się pomęczyć. Bo przecież nie chodziło tylko o to, żeby babcia przestała opuszczać jadalnię bez kąśliwego komentarza, lecz także o to, żeby Pluskwa przestał mi w końcu dokuczać.

O właśnie. Pluskwa. Na początku uważałam, że to huncwot i gangrena, ale potem... Wiecie, on naprawdę przejął się tym, że ja w tej kuchni jestem taka nieporadna. Zaczął mi tłumaczyć, co z czym i do czego, garnek kupił... Był cierpliwy, chociaż oczywiście złośliwy też.

No i w końcu – zaczęło mi wychodzić. Po jakimś czasie wyspecjalizowałam się w półgodzinnych posiłkach, bo też – prawdę mówiąc – nikt na plebanii dłużej na obiad by nie czekał. Poszliby coś zjeść do fast foodu. No, ale jak mawiała moja babcia, o prawdziwym kunszcie kulinarnym świadczą nie te proste i szybkie potrawy (chociaż kochała prostotę), tylko te, które wymagają cierpliwości oraz „wyczucia i rozumienia". Dla niej najtrudniejsza do zrobienia była zawsze wołowina. Mawiała, że to bardzo niewdzięczne mięso. Może wyjść twarde i suche albo przeciwnie – rozgotowane i bez smaku. Którejś zimy i ja postanowiłam zmierzyć się w końcu z udźcem wołowym. Wiedząc, że jego przygotowanie zajmie mi sporo czasu, zawczasu uprzedziłam domowników, żeby uzbroili się w cierpliwość i nigdzie mi się nie rozchodzili. Aha! Jasne! Księdzu wypadła jakaś zagadka kryminalna, więc zaraz się urwał, babcia miała wizytę u lekarza i zniknęła, Emilka poszła na lodowisko, a Piotr na świąteczne zakupy – domownicy zapadli się pod ziemię. A ja przy kuchni! Jak wyrobnica! Udziec prawie gotowy, gotuję już fasolkę, a ich nie ma! Usiadłam na taborecie, ukryłam twarz w dłoniach i już się miałam rozkleić, że cały obiad pójdzie na zmarnowanie, gdy nagle wszyscy na plebanię powrócili. Wyjaśnili mi potem, że w całym domu przez cały dzień tak pięknie pachniało, że z głodu nie mogli wytrzymać i dlatego dali nogę. Podobno już na dziedzińcu przed plebanią czuć było aromat tej mojej premierowej potrawy. No to teraz sami spróbujcie!

Wolno pieczony udziec wołowy z sosem z czerwonego wina i fasolką szparagową z winegretem grejpfrutowym

Składniki (4–6 porcji)

1,4 KG UDŹCA WOŁOWEGO TYPU LIMUZYNE • 60 DKG FASOLKI SZPARAGOWEJ JULIETTE • 2 CZERWONE GREJPFRUTY • 1 ŁYŻKA MUSZTARDY FRANCUSKIEJ • 1 BUTELKA CZERWONEGO WINA BAROLO • 50 ML WÓDKI • 3 ŁYŻKI MIODU • 2 GAŁĄZKI ROZMARYNU • 10 ŁYŻEK OLIWY Z OLIWEK Z PIERWSZEGO TŁOCZENIA • SÓL I PIEPRZ DO SMAKU

Udziec wołowy dokładnie myjemy i osuszamy, solimy, pieprzymy, nacieramy musztardą oraz posiekanym rozmarynem i odstawiamy w chłodne miejsce na 3 godziny. Następnie mięso podsmażamy na oliwie po 2 minuty z każdej strony i wkładamy do naczynia żaroodpornego. Pieczemy przez ok. 3 godziny w temperaturze 140°C, aż w środku będzie miało temperaturę 60–70°C, a kolor różowy. Temperaturę sprawdzamy termometrem do mięsa. Do dużego garnka wlewamy butelkę wina i gotujemy, aż wino zredukuje się na gęstą emulsję. Po ugotowaniu odstawiamy do wystygnięcia. W mniejszym garnku w osolonej wodzie gotujemy fasolkę szparagową, gdy się ugotuje, odcedzamy i hartujemy zimną wodą. Na małą patelnię wlewamy miód, wódkę i wkładamy jednego grejpfruta uprzednio obranego ze skóry i błony, pokrojonego w cząstki. Z drugiego grejpfruta wyciskamy sok. Podgrzewamy, aż sos zgęstnieje, następnie dolewamy 5 łyżek oliwy. Ugotowaną fasolkę szparagową zalewamy w misce przygotowanym winegretem grejpfrutowym i odstawiamy na bok. Gdy mięso będzie już upieczone, odstawiamy je na 10 minut na bok na drewnianej desce. Następnie kroimy je w plastry o grubości 0,5 cm, układamy na półmisku i delikatnie zalewamy przygotowanym wcześniej sosem z czerwonego wina. Do salaterki wkładamy fasolkę z winegretem i podajemy z mięsem.

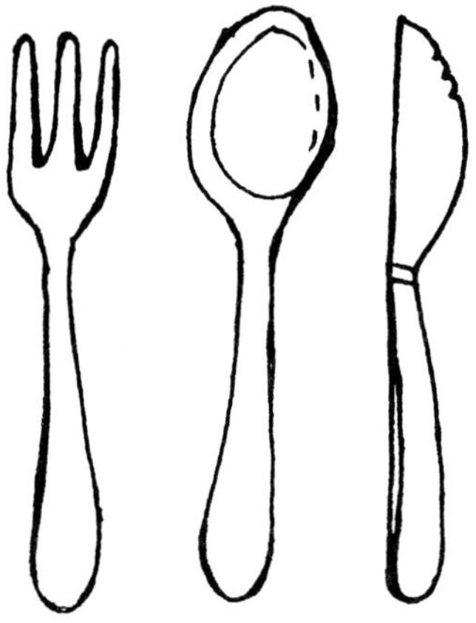

30.

Pamiętam ten dzień tak, jakby to było wczoraj – właściwie to bardzo dawno się to nie wydarzyło. To nie czas jest jednak ważny, tylko emocje, które się z nim wiążą. Prawie w samo południe ksiądz Mateusz wpadł do mnie do kuchni i całkiem zwyczajnie oznajmił mi, że spodziewa się na obiedzie księdza biskupa, więc prosi, żebym coś dobrego wymyśliła. Powiedział, zakręcił się na pięcie i już go nie było. To ja ręce szybko w fartuch wytarłam i pędzę za nim.

– Ale co mam przygotować?! Do obiadu zostały trzy godziny, a lodówka zupełnie pusta! – mówiłam rozgorączkowana.

Mateusz, widząc moje przerażenie, w śmiech.

– Przygotuj coś lekkostrawnego i prostego, bo ksiądz biskup nie jest wymagający.

I tyle go widziałam. Jak to „prostego"? Przecież to ksiądz biskup, trzeba się postarać, choćby dla honoru domu! Usiadłam przy stole i myślę. Przychodzi babcia, patrzy na mnie i mówi, że chyba wzrok ją myli, bo wyglądam, jakbym myślała. Ona to potrafi dopiec! Mówię jej więc, że księdza biskupa będziemy mieć na obiedzie i obmyślam strategię kulinarną. A ona wzrusza ramionami (no, trzymajcie mnie!), wargi wydyma i mówi:

– Toć przecież nasz biskup jak każdy inny człowiek. Najważniejsze to go nie struć, bo wtedy ksiądz Mateusz będzie miał kłopoty.

Nie struć! Coś podobnego! Obiad ma pozostać w jego pamięci na wieki, o truciu w ogóle nie ma mowy! Już chciałam się z nią pokłócić, dla zasady, ale ona nagle pstryka palcami i mówi:

– A może zrobisz ten schab z morelami, który podawałaś w drugi dzień świąt? Akurat morele obrodziły tego roku, będą idealne!

Och, miała rację – kompletnie o tym schabie zapomniałam. Wskoczyłam w samochód, pojechałam do sklepu i po pół godzinie wszystkie składniki miałam już w koszyku. Poza morelami, bo te Emilka z ogrodu wyzbierała. Przygotowałam schab – włożyłam do brytfanki i popędziłam trochę się ogarnąć. Przebrałam się, włosy poprawiłam, do stołu nakryłam i czekamy. Babcia, ja i Emilka. Schab się piecze, już właściwie dochodzi, a biskupa nie ma. Księdza Mateusza też nie. Nagle telefon.

– Natalio, nie wiem jednak, czy biskup zdąży do nas zajrzeć... – usłyszałam w słuchawce księdza Mateusza

Aż mi dech zaparło. W głowie mętlik. Pretensji mieć nie mogłam, bo nie wypada. Ale jak tu nie mieć pretensji, skoro pyszny schab w piekarniku?!

– To nic nie szkodzi... – odpowiedziałam przez ściśnięte gardło.

I wtedy rozległ się dzwonek do drzwi. Poszłam otworzyć, wlokąc się do przedpokoju noga za nogą, przygnębiona takim obrotem spraw. Otworzyłam drzwi, a tam ksiądz biskup z księdzem Mateuszem! Cali ubawieni żartem, jaki mi zrobili. Biskup schabem morelowym był zachwycony, chociaż zganił mnie za wystawność... Na szczęście zrobił to bardzo cicho... Spróbujcie i wy, koniecznie z morelami – smacznego!

Nadziewany schab środkowy z suszonymi morelami, sosem z białego wina i musztardy francuskiej

Składniki (4–6 porcji)

1,2 KG SCHABU ŚRODKOWEGO • 40 DKG SUSZONYCH MORELI • 1 L BIAŁEGO WINA WYTRAWNEGO • 40 DKG MIODU • 1 SŁOIK (250 ML) MUSZTARDY FRANCUSKIEJ • 1 CEBULA • ½ KOSTKI MASŁA • SÓL, PIEPRZ I MAJERANEK DO SMAKU

Ze schabu odcinamy błony i myjemy mięso, następnie długim cienkim nożem nacinamy środek. Mięso solimy, pieprzymy i nacieramy majerankiem. Morele wkładamy do miski i zalewamy wrzącą wodą, gdy się sparzą, wykładamy je na sitko do wysuszenia. Tak przygotowane owoce wkładamy do środka mięsa. Schab wkładamy do naczynia żaroodpornego, przykrywamy pokrywką albo folią aluminiową i pieczemy przez 1 godzinę w temperaturze 190°C. Do garnka wkładamy masło, pokrojoną w kostkę cebulę i podsmażamy. Gdy cebulka się zeszkli, dodajemy musztardę, miód i wino oraz sos z upieczonego mięsa, gotujemy na wolnym ogniu przez 1 godzinę, aż sos zgęstnieje. Upieczony schab kroimy w plasterki grubości 0,5 cm, układamy w naczyniu żaroodpornym, zalewamy przygotowanym sosem i wstawiamy do piekarnika na 20 minut w temperaturze 140°C. Tak przygotowany schab możemy podać z francuskimi kluskami i miksem sałat.

31.

Nie miałam chyba więcej niż siedem lat, kiedy przechodząc koło kuchni, usłyszałam, jak babcia mówi do mamy: „Straszną mam ochotę na gołąbki, może je sobie dzisiaj udusimy?”. Zamarłam. Mój ulubiony kolega, Gąsior, hodował wówczas gołębie. Trzymał je w starej szopie nieopodal szkoły, sam porobił dla nich klatki, dokarmiał je i czule do nich przemawiał. I tylko mnie ze wszystkich dzieciaków pozwalał do nich zaglądać. Gąsior mnie lubił, bo byłam dzika i niekontaktowa, jak ci jego skrzydlaci przyjaciele. Po prawdzie, trochę tej nieprzystępności jeszcze we mnie pozostało. Gąsior miał wśród tych swoich ptaków ukochanego gołębia, bielutkiego jak prześcieradło Kacpra. Kacper wylatywał najwyżej i prowadził inne ptaki – był ich przewodnikiem. Kiedy przychodził czas treningów, Gąsior szedł na kilkudniowe wagary. Z okien klasowych widzieliśmy wtedy wzbijające się pod niebo gołębie, które przez wiele godzin zataczały szerokie kręgi, a potem na gwizdnięcie opadały, lądując gdzieś za dachem szkolnej przybudówki. Były piękne. Dlatego kiedy babcia powiedziała o duszeniu gołąbków, wpadłam w popłoch i czym prędzej popędziłam do Gąsiora. Zastałam go w gołębniku, pośród gruchających ptaków i przerażona natychmiast kazałam mu je ukryć.

– Ale dlaczego? – zapytał zdziwiony.

– Moja babcia niedługo przyjdzie i je udusi – wyszeptałam.

– Jak to? Co ty opowiadasz? – pytał zaskoczony.

Kiedy powtórzyłam mu słowo w słowo, co powiedziała babcia, parsknął śmiechem:
– Przecież nie chodzi o prawdziwe gołębie! Nigdy nie jadałaś gołąbków w sosie pomidorowym?
Phi, no nie jadłam. Okrutnie się za ten śmiech na niego obraziłam. Wielkie mi co – czy każdy od razu musi wiedzieć, jak wygląda potrawa z gołąbków? Teraz do pomidorowego sosu dodaję również śmietanowy. Co ja wam będę mówić – palce lizać! A potem godzinny spacer...

•

Domowe gołąbki w sosie śmietanowo-pomidorowym

Składniki (4–6 porcji)

50 DKG MIĘSA Z INDYKA NA KOTLETY INDYKPOL • 2 CEBULE • 4 JAJKA • 6–7 LIŚCI KAPUSTY WŁOSKIEJ • 5 ŁYŻEK OLIWY Z OLIWEK • 300 G WŁOSZCZYZNY • 3 ŁYŻKI KONCENTRATU POMIDOROWEGO • 5 ŁYŻEK KWAŚNEJ ŚMIETANY 18% • 3 ŁYŻKI MĄKI • 1 ŁYŻKA POSIEKANEGO KOPERKU • 1 ŁYŻKA MASŁA • 1/3 SZKLANKI MLEKA • 2 KAJZERKI • SZCZYPTA BAZYLII • 3 LIŚCIE LAUROWE • 3 ZIARNA ZIELA ANGIELSKIEGO • SÓL I PIEPRZ DO SMAKU

Kajzerki namaczamy w mleku. Zmielone mięso wkładamy do miski, dodajemy jajka i kajzerki, przyprawiamy solą i pieprzem, a następnie dokładnie mieszamy. Formujemy z mięsa kule (każda z dwóch łyżek stołowych mięsa), układamy na liściach kapusty i zawijamy. Tak przygotowane gołąbki układamy w naczyniu żaroodpornym, dodajemy pokrojoną włoszczyznę, ziele angielskie i liść laurowy, zalewamy wodą, doprawiamy solą i pieprzem do smaku. Przykrywamy i pieczemy w temperaturze 200°C, aż liście z kapusty będą miękkie. Po upieczeniu wywar przelewamy do garnka, dodajemy koncentrat pomidorowy, śmietanę, koper, łyżkę masła, gotujemy przez 20–30 minut i zagęszczamy mąką. Tak przygotowanym sosem zalewamy gołąbki i wstawiamy do piekarnika rozgrzanego do temperatury 160°C na 30 minut. Gotowe gołąbki podajemy z ziemniakami.

32.

Szpinak w wersji zielonkawej brei, którą podawano w szkolnych stołówkach, prześladował mnie przez wiele lat. Czy to nie dziwne, że to skądinąd bardzo smaczne warzywo było przyrządzane przez prawie wszystkie szkolne kucharki w ten sam, niezbyt apetyczny sposób? Jakby się zmówiły! Może gdzieś na zapleczu wisiała obowiązkowa rozpiska? Ale przyszedł nowy czas, szpinak odzyskał wielbicieli. To na pewno duża zasługa kuchni śródziemnomorskiej, której dania wywalczyły sobie w Polsce wysoką pozycję. Ja do szpinaku szybko się przekonałam, a kiedy jeszcze poczytałam, jaki jest zdrowy, to wprowadziłam go do menu na stałe. I jest tak: ja go lubię, ksiądz Mateusz i Pluskwa też, Piotr za nim przepada (wiadomo: mediolańskie podniebienie!), babcia – jak cię tam, jak podadzą to zje, ale Emilka, niestety, odmawia! Czego ja nie robiłam, żeby ją zachęcić! Nie miałam pomysłu, jak ją do tego szpinaku przekonać, jak go przemycić, żeby go nie wydłubała, no i żeby jej jeszcze smakował. W końcu uznałam, że jeśli wymyślę potrawę, w której wszystkie smaki będą tworzyły harmonijną całość, a potem dodam odpowiednią teorię, to szpinak zostanie niezauważenie dla Emilki przemycony. I wymyśliłam. Przygotowałam roladki z soli, polałam cytrynowym sosem curry (dzięki czemu zielonkawe warzywo stało się niewidoczne!) i podałam do stołu. Podałam i wstrzymałam oddech. Emilka nabrała na widelec niewielki kęs i pełna obaw spróbowała. Spodziewałam się, że zaraz zacznie marudzić, ale nie! Patrzę, a ona oczy przymyka. Tak jej posmakowało! A teraz spróbujcie sami.

•

Roladki z soli nadziewane szpinakiem w cytrynowym sosie curry

Składniki (1 porcja)

1 FILET SOLI BEZ SKÓRY I OŚCI • 40 G SZPINAKU W LIŚCIACH (MOŻE BYĆ MROŻONY) • SOK Z 1 CYTRYNY I SKÓRKA Z CYTRYNY • 100 ML ŚMIETANY 30% • 100 ML WYTRAWNEGO BIAŁEGO WINA • 1 ŁYŻECZKA MASŁA • SZCZYPTA CURRY • SZCZYPTA SUSZONEJ BAZYLII • SÓL I PIEPRZ DO SMAKU

Filet z soli rozcinamy wzdłuż ostrym nożem, posypujemy delikatnie suszoną bazylią, doprawiamy solą i pieprzem. Na wąskiej części ryby kładziemy odciśniętą z wody kulkę szpinaku. Bierzemy w palce końcówkę filetu ze szpinakiem, ściśle ją zawijamy. Tak przygotowane 2 roladki układamy w naczyniu żaroodpornym i pieczemy w temperaturze 200°C przez 30 minut. W garnku roztapiamy masło, wlewamy sok z cytryny, wino, śmietanę i gotujemy, aż zgęstnieje. Na koniec dodajemy sól, pieprz oraz curry. Gotowym sosem zalewamy roladki z soli i pieczemy jeszcze przez 10 minut. Roladki podajemy z ryżem i miksem sałat.

33.

Kiedy ksiądz Mateusz wybiega z plebanii, furcząc sutanną, ja zostaję na gospodarstwie, bo choć sprawy duchowe należą do istotnych, to przecież jednak dobrze jest panować też nad materią – żeby okna były czyste i lśniące, żeby po podłodze nie walały się okruszki, no i żeby o określonej godzinie było co do żołądka wrzucić. Z tą określoną godziną najtrudniej, bo kiedy trafi się Mateuszowi jakaś zagadka, to nie spocznie, dopóki jej nie rozwiąże. Mieszkając na plebanii, upewniłam się, że ludzie nie są doskonali. Ksiądz również taki nie jest. Niby zna odpowiedź na większość istotnych pytań, ale jednak na obiad się spóźnia. Ileż to razy dawał słowo, że zdąży, a przychodził kilka godzin po ustalonej porze! No, ale to Mateusz, wiadomo, nie może być zwyczajnie i całkiem normalnie.

A kiedy jeszcze na plebanię wpada Pluskwa, to już w ogóle robi się cyrk. Z tym Pluskwą to siedem światów mam. Nie ukrywam, że bardzo lubię tego szelmę, ale zdarzają się i takie dni, że tylko za ścierką się rozglądam, żeby mu dać po uszach.

Wiecie, co kiedyś zrobił? Któregoś dnia usmażyłam całą miskę kotletów, żeby przynajmniej na dwa dni starczyło. Prawie każda gospodyni tak robi, bo przecież kiedyś trzeba odpoczywać! Na plebanii było wtedy jakieś zamieszanie – jedni wchodzili, drudzy wychodzili... Piotr, pani Justyna, Mietek Nocul, Pluskwa... Zaglądam po całym dniu do lodówki, patrzę, a miska z kotletami jest pusta! Krąg podejrzanych od razu mocno się zawęził. Pani Justyna odpadła – to oczywiste. Piękne redaktorki naczelne pism nie wyjadają ludziom kotletów. Mietek Nocul mógłby, ale nie u nas – Baśce na pewno podjadał. Piotr je tyle co nic, babcia ma dietę i w ogóle nie jada smażonych dań, więc podejrzany pozostał tylko jeden. Dzwonię do niego. „Ty grzeszniku! Na plebanii się nie pojawiaj, bo zamorduję!". A ten chichocze do słuchawki i mówi, że nie mógł się oprzeć, ale żebym się nie gniewała. Jak miałam się nie gniewać? Rzuciłam słuchawką. Po dwóch godzinach od rozmowy Pluskwa pojawia się na plebanii. Ma w rękach zawiniątko.

– Co to jest – pytam.

– Coś, co cię udobrucha.

Odwijam papier, a tu sernik z polewą toffi.

– Zrobiłem według twojego przepisu – cały wieczór nad nim siedziałem. To na deser, a kotlety zaraz sam usmażę – i cmoknął mnie w policzek.

Można się na niego długo gniewać? Nie można. Zwłaszcza że ten sernik wyszedł mu wybornie.

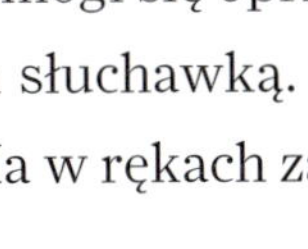

Sernik z polewą toffi

Składniki (8–10 porcji)

1,2 KG TRZYKROTNIE ZMIELONEGO TŁUSTEGO TWAROGU • 12 JAJEK • 2 ½ SZKLANKI CUKRU • 500 ML ŚMIETANY KREMOWEJ 36% • 3 ŁYŻKI ŚMIETANY KWAŚNEJ 18% • ¼ KOSTKI MASŁA • 3 ŁYŻKI MĄKI ZIEMNIACZANEJ • 4 PACZKI HERBATNIKÓW PETTIT BERII • 2 ŁYŻKI TARTEJ BUŁKI • SOK Z 2 CYTRYN • 1 ŁYŻKA SKÓRKI Z CYTRYNY

Rozdzielamy białka i żółtka do dwóch dużych misek. Do żółtek dodajemy 1 ½ szklanki cukru, masło i ubijamy. Podczas ubijania stopniowo dodajemy twaróg, następnie sok z cytryny, skórkę z cytryn, kwaśną śmietanę i mąkę ziemniaczaną. Gdy masa będzie gotowa, wlewamy uprzednio ubitą pianę z białek i delikatnie mieszamy drewnianą łyżką. Formę smarujemy masłem i posypujemy tartą bułką. Dno i boki formy wykładamy herbatnikami i wlewamy masę serową. Wstawiamy do piekarnika nagrzanego do temperatury 180°C na 1,5 godziny. Po upieczeniu odstawiamy do wystygnięcia. Do wysokiego garnka wsypujemy 1 szklankę cukru, dodajemy 2 łyżki wody, karmelizujemy, uważając, żeby się nie przypalił, i dodajemy śmietankę. Gotujemy, aż śmietana odparuje i powstanie toffi. Gotowym toffi zalewamy sernik.

34.

W Sandomierzu zdarzają się takie zimy, że nosy odpadają. Powiecie, że u was też są takie? No jasne – w Polsce jak zima złapie, to prawie słychać, jak mróz pazurami bazgrze po szybach. W takie dni najlepszą rzeczą pod słońcem jest żur kujawski na gęsinie z półgęskiem. Moja babcia opowiadała mi, że w czasie wojny najcenniejszym produktem, który udało się pokątnie zdobyć, był właśnie gęsi tłuszcz. Podobno był droższy od złota – kiedy brakuje witamin i sił, to złoto na wiele się nie zda, a tłuszcz gęsi wzmacnia i najlepiej chroni płuca od infekcji. Pamiętam jej opowieść (w czasie wojny miała dziesięć lat), kiedy do jej mamy, mojej prababci, przyszedł pan Henio, stale szmuglujący jakieś rarytasy. Ona nic wtedy nie wiedziała o gęsinie. Taką wiedzę miały wyłącznie wytrawne gospodynie, a ona, cóż – była jeszcze dzieckiem i znacznie ważniejsze były dla niej kolorowe spinki do włosów niż życiodajne produkty. Dlatego bardzo się zdziwiła, widząc, jak mama prawie wyrywa z rąk Henia słoik z białawą mazią. To nie wyglądało na coś bardzo fajnego. Dopiero potem, kiedy wszyscy sąsiedzi zaczęli niedomagać, okazało się, jak cenną zawartość krył słoik. Bo ani babci, ani prababci dzięki gęsiemu tłuszczowi nie dopadła żadna choroba. Prababcia nagotowała wielki gar żuru i sprosiła do domu tylu sąsiadów, ilu się dało, żeby i oni wzmocnili się trochę na gęsinie. Zupa, do której was zachęcam, równie mocno wzmacnia, a podać ją można w czasie świąt Wielkiej Nocy albo kiedy zima zgrzyta mrozem po szybach. Smacznego!

•

Żur kujawski na gęsinie z półgęskiem

Składniki

KOŚCI Z PIECZONEJ GĘSI, POZOSTAŁE PO UROCZYSTEJ KOLACJI • 1 LITR ŻURU KUJAWSKIEGO W BUTELCE LUB • DOMOWEGO ZAKWASU NA ŻUR Z MĄKI ŻYTNIEJ • 1 PĘCZEK WŁOSZCZYZNY • 10 DKG OKRAWKÓW Z PÓŁGĘSKA • 5 DKG SUSZONYCH GRZYBÓW • 4 ZĄBKI CZOSNKU • 2 ŁYŻKI TARTEGO CHRZANU • KWAŚNA ŚMIETANA DO ZABIELENIA ŻURU • MAJERANEK, LIŚCIE LAUROWE, ZIELE ANGIELSKIE • SÓL I PIEPRZ DO SMAKU

Kości pieczonej gęsi wkładamy do garnka z włoszczyzną, liściem laurowym i zielem angielskim. Gotujemy na małym ogniu przez 3 godziny. Po tym czasie uzyskujemy bardzo aromatyczny i nie za tłusty wywar, gdyż większość tłuszczu wytopiła się podczas pieczenia. Wywar przecedzamy, dodajemy namoczone wcześniej w wodzie grzyby i pokrojone okrawki z półgęska. Podgrzewamy jeszcze jakiś czas, aby smak grzybów i wędzonego półgęska przeniknął do wywaru. Następnie wlewamy zakwas, mieszając, aby nie zrobiły się grudki; podczas dodawania zakwasu co jakiś czas próbujemy, aby nasz żur był przyjemnie kwaśny, ale nie przekwaszony. Na samym końcu dodajemy do smaku chrzan, czosnek, majeranek i zabielamy śmietaną.

35.

Pamiętam, jak któregoś lata przyjechał do naszego rodzinnego domu gość z Francji. Nazywał się Janusz Winnicki i nosił się z iście francuską nonszalancją – chodził w jasnych, lnianych spodniach, miał rozwiane, siwawe włosy. W pierwszej chwili wzięłam go za poetę – te kręcone włosy i lejące się, jedwabne koszule... Mój tata znał go jeszcze ze szkoły podstawowej, ale rzadko o nim opowiadał. Nasz gość zaraz po przyjeździe poczęstował rodziców pierwszorzędnym winem oraz serem, którego zapach utrzymywał się w domu jeszcze przez cztery dni, czyli do końca jego pobytu. To nie był miły

zapach, przypominał stuletnie skarpetki, ale jakoś to wytrzymałam. O wiele gorzej poszło mi z samym gościem. Dlaczego? Bo zaraz po obiedzie zasiadł w fotelu, wyciągnął fajkę i zaczął wychwalać francuską kuchnię. Ja wtedy na francuskim gotowaniu niewiele się znałam, wiedziałam tylko, że jest szalenie wyszukane, przeznaczone dla wysublimowanych podniebień, ale mamę jego słowa rozdrażniły. Bo Pan Janusz stwierdził, że tylko Francuzi wiedzą, jak dobrze upiec gęś. Spojrzałam na mamę i w jej oczach zauważyłam błysk stali. Jak to? Że niby my nie umiemy? Oczywiście, mama nie dała niczego po sobie poznać, ale potem wzięła mnie na bok i powiedziała:

– Utrzemy mu nosa.

Od samego rana kuchnia przypominała front wojenny. Kroiłyśmy, sypałyśmy, nacierałyśmy. Przygotowaną gęś wsadziłyśmy do gęsiarki, a po całym dniu macerowania wylądowała w piekarniku. Piekła się trzy godziny. Janusz, poczuwszy upojne zapachy dochodzące z kuchni, szybko opuścił pokój gościnny i wpłynął do jadalni jak barwny ptak. Kiedy zasiadł do stołu i spróbował naszej gęsi, przez kilka minut nie mógł wydusić z siebie słowa. Potem wstał i bez żadnej wyniosłości złożył hołd naszym talentom kulinarnym – najpierw ucałował dłoń mamy, potem moją (po raz pierwszy ktoś pocałował mnie w rękę!).

– O jakże się pomyliłem – jednak gęś z Doliny Wisły była najlepszą rzeczą, jaką w życiu jadłem! – wykrzyknął.

– Widzisz? Zawsze warto zawalczyć, kiedy czujesz, że masz rację – mama szepnęła mi do ucha.

Was też zachęcam do wypróbowania przepisu na gęś z sosem z powideł śliwkowych!

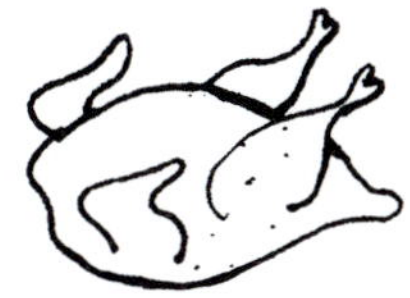

Gęś pieczona z sosem z powideł śliwkowych z Doliny Dolnej Wisły

Składniki (4–6 porcji)

1 MŁODA GĘŚ KOŁUDZKA O WADZE 4,5–5 KG • 1 SŁOIK POWIDEŁ ŚLIWKOWYCH Z DOLINY DOLNEJ WISŁY (NA PRZYKŁAD POWIDEŁ ZE STRZELEC DOLNYCH), • 100 ML WYTRAWNEGO CZERWONEGO WINA • 100 G ORZECHÓW LASKOWYCH • 1 PĘCZEK WŁOSZCZYZNY • 1 ŁYŻKA MASŁA • 3 GŁÓWKI CZOSNKU • SÓL I PIEPRZ DO SMAKU

Gęś myjemy, odcinamy lotki oraz kuper, następnie nacieramy solą i pieprzem na zewnątrz i od środka, a majerankiem tylko od środka (aby nie przypalić przyprawy podczas pieczenia). Do środka wkładamy dwie całe główki czosnku z łupinami. Na dno gęsiarki wkładamy pokrojoną włoszczyznę, na niej układamy gęś. Gęsiarkę przykrywamy pokrywką i wstawiamy na jeden dzień do lodówki. Następnego dnia gęś pieczemy we piekarniku rozgrzanym do temperatury 140°C (45 minut na każdy kilogram gęsi). W czasie pieczenia przesmażamy na patelni orzechy laskowe na maśle i dodajemy do sosu. Z soku pieczeniowego, którego powinno być całkiem sporo, przyrządzamy sos, dodając stopniowo powidła, a następnie wino. Kroimy gorącą gęś, polewamy obficie sosem i podajemy z kopytkami.

Zalewajka świętokrzyska

36.

O tej zupie przypomniałam sobie w dniu, kiedy wszystko na plebanii stanęło na głowie. Najpierw ksiądz Mateusz powiedział, że wyjeżdża i zostawia nas na gospodarstwie, a zaraz potem w ogródku Nocula znaleziono martwego mężczyznę. Wiadomo, że kiedy pojawia się nieboszczyk, to wszystko się wywraca, ale tym razem było jeszcze gorzej, bo przecież chodziło o naszego serdecznego Mietka – to w końcu jego oskarżono o morderstwo. I stało się jasne, że ten dzień będzie wyjątkowo wyczerpujący: księdza nie ma, a naszego aspiranta trzeba jakoś wyciągnąć z kłopotów. Na szczęście dzięki pomocy Pluskwy i kilku ludzi dobrej woli prawdziwy sprawca został namierzony i Mietek Nocul po dwóch dniach wyszedł z aresztu.

On wrócił do domu, ale ja nóg nie czułam! Bo jak się prowadzi śledztwo z Pluskwą, który ma tysiące tropów, to można ducha wyzionąć. Kiedy już po wszystkim położyłam się w swoim pokoju, to popatrzyłam w sufit i pomyślałam, że mogę sprzątać, mogę gotować, ale jeśli jeszcze będę zagadki kryminalne rozwiązywać, to po prostu... umrę! Tak się nie da, nic mnie nie uratuje! Przymknęłam oczy i oddałam się użalaniu. Że jest źle, niesprawiedliwie i w ogóle do kitu. Niech mnie czym prędzej kostucha w łapska chwyci, bo nie dam rady. I wtedy...

Wtedy przypomniałam sobie Sobieraja i jego żonę. Sobieraj był naszym sąsiadem. Mama go lubiła – był cichy, niepijący i pracowity. Jednak jego żona przeciwnie – za kołnierz wylewała niechętnie i łażąc po ogrodzie, cały dzień pod nosem brzęczała. Słyszeliśmy ją zza płotu wszyscy. Okropnie tego męża męczyła. A on – anioł! Bo kiedy zdarzył się Sobierajowej taki wieczór, że padła zmęczona próbowaniem nalewek, wtedy Sobieraj, mimo udręk, jakie go od żony spotykały, zabierał się za jej ratowanie. I przygotowywał gar zalewajki. Dobrze wiedział, że zalewajka na żurku, z kawałkami boczku albo dobrej kiełbasy postawiłaby na nogi największego zdechlaka. Muszę przyznać, że po takim posiłku Sobierajowa zrzędziła jakby mniej... Niedługo co prawda, bo jeden dzień, ale dla Sobieraja i dla nas to i tak była wielka korzyść. Jak tylko sobie o tym przypomniałam, poderwałam się na równe nogi i zbiegłam do kuchni. Wszystko, co potrzebne do tej zupy, każda gospodyni ma na składzie, więc zupa powstaje w try miga. Ale nawet jeśli nie macie pod ręką butelki żuru, to przecież wystarczy tylko chwila, żeby po nią skoczyć. Smacznego!

•

Zalewajka świętokrzyska

Składniki

BUTELKA ŻURU (0,5 L) • 75 DKG ZIEMNIAKÓW • 2 ŚREDNIE CEBULE • 4 ZĄBKI CZOSNKU • 20 DKG KIEŁBASY WĘDZONEJ, BIAŁEJ LUB BOCZKU • 2–3 KAPELUSZE SUSZONYCH LUB ŚWIEŻYCH GRZYBÓW • 3–4 ŁYŻKI ŚMIETANY 30% • 1 LIŚĆ LAUROWY • 3–4 ZIARNA ZIELA ANGIELSKIEGO • SŁONINA DO KRASZENIA • SÓL I PIEPRZ DO SMAKU

Ziemniaki obieramy i kroimy w kostkę, cebulę i czosnek siekamy. Do garnka (4-litrowego) z gotującą się wodą wrzucamy ziemniaki, kiełbasę lub boczek w kawałkach, cebulę, liść laurowy, ziele angielskie i grzyby. Żur dokładnie mieszamy ze śmietaną, dodajemy posiekany czosnek. Przygotowaną mieszankę wlewamy do zupy, gdy ziemniaki będą lekko twarde. Przyprawiamy do smaku solą i pieprzem. Pokraszoną zrumienioną słoninką zalewajkę podajemy w głębokich talerzach, z chlebem lub bez.

37.

Wakacje nad morzem kojarzą mi się z trzema rzeczami: grajdołami, czarną flagą i dorszem podawanym na tekturowej tacce z kwaśną kapustą i frytkami. Kiedy bierze mnie tęsknota za klimatem nadmorskich miejscowości, wtedy nie pozostaje mi nic innego, jak tylko zrobić dorsza. Bo przecież grajdołu, plaży i morza do Sandomierza nie przytargam! Zanim jednak zdradzę swój ulubiony przepis na tę niedocenianą, ale pyszną rybę, muszę wam opowiedzieć, ile się wstydu kiedyś najadłam w Jastarni, gdzie spędzałam wakacje z przyjaciółmi. Całe dnie pływaliśmy... To znaczy oni pływali, bo ja nie lubię i nie umiem. Potem wygłodzeni wychodzili na brzeg w poszukiwaniu strawy. Mimo że nie pływałam, ja również bywałam głodna jak wilk, a to dlatego, że tak bardzo wczuwałam się w te wszystkie kraule, żabki i delfiny moich przyjaciół. Pewnego dnia wstąpiliśmy do smażalni, w której jeszcze nie byliśmy. Gdybym wiedziała, co się tam niedługo wydarzy, czym prędzej bym stamtąd czmychnęła. Ponieważ smażalnia znajdowała się niedaleko naszego pensjonatu, moi przyjaciele pobiegli się przebrać. Ja zostałam sama na posterunku i czując ściskanie w żołądku, nie czekając na nich, zamówiłam sobie dorsza. Zaniosłam tackę do stolika i usiadłam, a kiedy to zrobiłam, zorientowałam się, że nie mam sztućców. Poszłam więc do budki po plastikowy nóż i widelec. Wracam na miejsce – i co widzę? Przy moim stoliku siedzi młody mężczyzna i zajada się moim dorszem! Zgłupiałam. Bo co tu zrobić? Stoję więc i patrzę, jak młodzian pałaszuje moją rybę, jak zjada frytkę po frytce, a gdzieś w środku narasta we mnie gniew nie do opisania. W końcu podchodzę do stolika i mówię:

– Jak pan może? Nie wstyd panu?

Młodzian odrywa się od ryby i spogląda na mnie nierozumiejącym wzrokiem.

– Jeśli był pan głodny, to trzeba było powiedzieć, kupiłabym panu tę rybę, to naprawdę żaden problem.
– Nie rozumiem, o co chodzi... – mówi w końcu mężczyzna, między jednym kęsem a drugim.
Wzruszyłam ramionami – wariat! I odeszłam od jego stolika. Usiadłam przy sąsiednim, na którym ku swojemu zdziwieniu zastałam nienaruszoną porcję dorsza z kapustą i frytkami. Moją porcję. Zrobiłam się czerwona ze wstydu i czym prędzej opuściłam smażalnię. Pierzchając, słyszałam wołania przyjaciół, którzy właśnie do niej przybyli, ale nawet się nie odwróciłam. Dorsz, do którego spróbowania Was zachęcam, jest zdrowszy od tamtego i pomylić go z żadnym innym już się nie da.

•

Dorsz w sosie serowo-porowym

Składniki (2 porcje)

2–3 FILETY Z DORSZA (OKOŁO ½ KG RYBY) • 1 BIAŁA CZĘŚĆ PORA • 2 ŁYŻKI MASŁA • 200 ML ŚMIETANY 30% • SEREK TOPIONY EMENTALER LUB GOUDA • 30 DKG SERA ŻÓŁTEGO • SOK Z ½ CYTRYNY • SÓL I PIEPRZ DO SMAKU

Rybę doprawiamy solą i pieprzem, skrapiamy sokiem z cytryny. Por kroimy na centymetrowe krążki i dusimy na 1 łyżce masła. Gdy por zmięknie, zalewamy go śmietaną i pozostawiamy do zagotowania. Serek topiony kroimy w kostkę, połowę sera żółtego ścieramy na tarce. Tak przygotowany ser dodajemy do śmietany i pora, a następnie, cały czas mieszając, doprowadzamy do ich rozpuszczenia. Przyprawiamy szczyptą soli i pieprzu. Odstawiamy. Każdy filet kroimy na dwa lub trzy kawałki i układamy w wysmarowanym masłem naczyniu żaroodpornym. Na rybę wykładamy sos serowo-porowy, drugą połowę sera żółtego ścieramy i posypujemy nim wierzch zapiekanki. Pieczemy 20 minut w piekarniku nagrzanym do temperatury 180°C.

38.

Z gotowaniem jest podobnie jak ubieraniem się. Otwierasz szafę, patrzysz, a tu pustka! To znaczy rzeczy są, ale żadna z nich nie wygląda szałowo. Opatrzyły się już i nie robią większego wrażenia. Trochę sprane, odrobinę połatane. Z lodówką bywa podobnie. Otwierasz, patrzysz i widzisz jakiś serek, kawałek wędliny, pęczek zieleniny – nic specjalnego. No, ale zaraz, zaraz, od czego mamy głowę? Zamiast bezradnie załamywać ręce, zwłaszcza kiedy ma się na telefonie Mateusza, który zapowiada na plebanii gościa, przechodzę od razu do intensywnego główkowania zwanego kreatywnością. Staję się bardziej zadaniowa niż zwykle. Bo jak to? Ja nie wymyślę czegoś, co ze zwykłości uczyni nadzwyczajność? Wykładam na stół to, co mam pod ręką, i przyglądam się produktom jak generał żołnierzom przed bitwą. Ostatnio w taki sposób spojrzałam na buraki. Muszę przyznać, że są niedoceniane. Z reguły zna się zaledwie kilka przepisów, w tym na zupę i na dodatek

do głównego dania. Postanowiłam zrobić coś nowego, coś takiego, co na talerzu będzie wyglądało nadzwyczaj wykwitnie. Myślicie, że z buraków niczego ekskluzywnego nie można wymyślić? Nic bardziej błędnego. Jeśli zrobicie to, co proponuję, obiecuję, że będzie to potrawa najbardziej ze wszystkich przyciągająca wzrok. Nieobrane buraki solę, skraplam oliwą, obtaczam w estragonie oraz tymianku, a następnie zawijam w srebrną folię i wkładam do piekarnika, żeby się poddusiły. Pieką się mniej więcej godzinę w 180°C. Potem, kiedy wystygną, kroję je w cienkie plasterki. Na każdy z takich krążków nakładam łyżeczkę białego serka z czosnkiem i szczypiorkiem. To jeszcze nie koniec. Na serku ląduje plasterek łososia albo dobrej wędliny. Tak przygotowaną przystawkę dekoruję listkiem rukoli i dla koloru polewam kilkoma kroplami balsamico (może być bazyliowy lub cytrynowy). Wygląd jest nieziemski, a smak jeszcze lepszy!

•

Carpaccio z buraków

Składniki (6 porcji)

2–3 ŚREDNIEJ WIELKOŚCI BURAKI • 30 DKG TWAROŻKU • 15 DKG WĘDZONEGO ŁOSOSIA (LUB SZYNKI DOJRZEWAJĄCEJ) • BALSAMICO BAZYLIOWE LUB CYTRYNOWE • 1 ZĄBEK CZOSNKU • RUKOLA • TYMIANEK I OREGANO • SÓL I PIEPRZ DO SMAKU

Buraki myjemy i nieobrane smarujemy oliwą. Posypujemy solą, oregano oraz tymiankiem, a następnie owijamy folią aluminiową. Pieczemy w naczyniu żaroodpornym w temperaturze 180°C przez 1 godzinę. Po upieczeniu buraki studzimy, a następnie obieramy ze skórki. Kroimy w półcentymetrowe krążki. Twarożek mieszamy ze startym ząbkiem czosnku, szczyptą soli i pieprzu. Na każdy rozłożony na talerzach krążek buraka nakładamy pół łyżeczki twarożku, na wierzch kładziemy kawałeczek łososia (lub szynki dojrzewającej), a na koniec dekorujemy rukolą i skrapiamy balsamico.

39.

Którejś nocy – a było już grubo po północy – obudził mnie dziwny hałas dochodzący z dołu. Najpierw myślałam, że się przesłyszałam i odgłosy docierają gdzieś z dworu. Po chwili nasłuchiwania upewniłam się jednak, że to z plebanii. Wyjrzałam ze swojego pokoju, podeszłam do schodów, spoglądam w dół, ale na dole ciemno. To mnie zaniepokoiło, bo przecież każdy z domowników raczej by światło zapalił, prawda? W pierwszym odruchu chciałam narobić rabanu, obudzić księdza, ale opanowałam się. Może to tylko kot wskoczył przez okno do kuchni i buszuje w spiżarce? Niepotrzebnie wszystkich przestraszę. Schodzę po schodach, najciszej jak można. Hałas staje się wyraźniejszy. Coś stuka, coś szeleści. Zaraz przy schodach trzymam miotłę, więc już na dole łapię za nią i z trzonkiem wymierzonym w oprawcę na placach przesuwam się w stronę kuchni. Przy drzwiach unoszę miotłę, żeby intruzowi przywalić, a tu nagle słyszę sceniczny szept: „Boże ty mój, Natalio, co robisz?”. Teraz ja osłupiałam. Żaden złodziej, żaden kot – głos jakby znajomy! Zapaliłam światełko nad okapem. Patrzę, a tu babcia stoi w koszuli nocnej, przestraszona nie na żarty.

– Chciałaś mnie szczotką uderzyć? Mnie? Za co?

– No, a dlaczego ty po nocy po kuchni się tłuczesz? – odpowiadam pytaniem na pytanie.

Babcia wzdycha i siada przy stole.

– Obudziłam się i straszna mnie naszła chętka na coś słodkiego. Zeszłam po cichutku, żeby coś wyszperać, ale szuflada na słodycze pusta, kredens też... nawet jednego ciasteczka nigdzie nie było!

– Ale dlaczego buszujesz po ciemku?

– A bo ty byś mnie od razu ofuknęła, chciałam dyskretnie coś sobie podjeść.

Spojrzałam na tę naszą babcię kochaną i myślę: „No cóż, nie ma rady, trzeba jej pomóc”. Nie zamierzałam nic skomplikowanego robić po nocy. Podeszłam do szafki, wyjęłam banany, cukier, mleko skondensowane, brandy (a niech tam!), goździki i cynamon. Posypałam banany cukrem i cynamonem, rozgrzałam masło na patelni, podsmażyłam banany, dodałam mleko skondensowane, brandy, goździki i przesmażyłam. Po kilku minutach położyłam przed babcią na talerzyku gotową przekąskę. Błogi wyraz oczu babci wart był wszystkich pieniędzy. I nawet mi obiecała, że na cały jeden dzień zawiesi wszystkie swoje złośliwości. Wy także zróbcie sobie taką słodką przekąskę – to naprawdę nic trudnego!

Smażone banany z cynamonem i brandy

Składniki (2 porcje)

4 BANANY • PÓŁ SZKLANKI CUKRU • 100 ML MLEKA SKONDENSOWANEGO • 40 ML BRANDY (NP. METAXY) • 2 ŁYŻECZKI MASŁA • GOŹDZIKI • CYNAMON

Banany kroimy wzdłuż na pół, tak aby powstało kilka „łódeczek". Każdy z kawałków posypujemy cukrem i cynamonem. Kładziemy na rozgrzaną patelnię, smażymy z każdej strony, zalewamy mlekiem skondensowanym i brandy, wrzucamy goździki i podsmażamy. Można serwować z naleśnikami i racuchami.

40.

Nalepiłam któregoś dnia pierogów. To był czas, kiedy ksiądz Mateusz opuścił nas na kilka dni, bo musiał wyjechać w ważnych sprawach, a na plebanii zamieszkał z nami ksiądz Jacek. Wiadomo, jaki ten Jacek jest. Mina nabożna, uduchowiona, ale do ludzi z dystansem, jakby go mieli zarazić jakąś chorobą. I tak samo je. Siada do stołu z miną męczennika, ogląda zastawiony stół, jakby każdą miskę wypełniała cykuta. Potem łapie za widelec i dziobie. Tu uszczknie trochę, tam skubnie odrobinę. Babcia mówi, że w nim siedzi krogulczy Don Pedro, szpieg z krainy Deszczowców, i dlatego tak na wszystko uważa. Ale ja nie zamierzałam się nim przejmować. Tłumaczyłam sobie, że kilka dni to nie całe życie i da się to jego rezydowanie jakoś znieść. Ksiądz Mateusz, jak wiecie, nigdy jedzeniem głowy sobie nie zaprzątał. Jego umysł zajmowały zawsze inne rzeczy – duchowe lub mniej duchowe. Ale ksiądz Jacek miał zupełnie inaczej. Zaraz po śniadaniu zaglądał do mnie ze strapioną miną i zadawał jedno pytanie: „Co będzie dzisiaj na obiad, droga Natalio?". Minę miał taką, jakby mówił: „Cokolwiek mi dasz, nie napełni mnie to radością". Tak było i tym razem, gdy odpowiedziałam, że na obiad będą pierogi.

– Aaa, to ja nie będę ich jadł, postanowiłem nie jeść mięsa... – powiedział.

I czeka, bo może zaraz zaproponuję mu coś innego. A ja nic.

– To nie będą pierogi z mięsem, to będą pierogi z ciecierzycy – skomentowałam.

Zamilkł i przez chwilę mierzył się po męsku z tą z informacją.

– To najwyżej zjem jednego. Dziękuję, Natalio – mruknął i wyszedł.

Szedł z głową uniesioną i wyprostowany, jakby niósł na ramionach cały nieboskłon.

Przyszła pora obiadu. Po plebanii rozszedł się zapach skwarek. Pierwszy przy stole zjawił się... ksiądz Jacek. Potem przyszli babcia i Piotr. Emilka tego dnia dała z plebanii nogę – ona najgorzej znosiła humory księdza Jacka. Nasz duchowny rezydent równiutko ułożył sztućce przy talerzu, bo wszystko, co robił, musiało mieć oczywiście odpowiednią celebrę. Nałożyłam mu jednego pieroga, na którego rzuciłam ze dwie skwarki. Babcia i Piotr dostali solidne porcje i nie czekając na księdza, zabrali się do pałaszowania. Ksiądz Jacek zjadł pieroga, nadział na widelec skwarki. Przymknął oczy. Po raz pierwszy na jego twarzy pojawił się wyraz graniczący z błogością. Potem chrząknął:

– Bardzo dobre. Dostałbym jeszcze ze dwa?

Wiecie, ile zjadł? 22 pierogi! Nawet nie zauważył, kiedy babcia i Piotr wstali od stołu. Czy to nie jest najlepsza rekomendacja? Smacznego!

•

Pierogi z ciecierzycą i skwarkami

Składniki (6 porcji)

CIASTO: *2 SZKLANKI MĄKI • 1 JAJKO • 1 ŁYŻKA OLEJU • SÓL •* ***FARSZ:*** *2 PUSZKI CIECIERZYCY • CEBULA • CZOSNEK • SÓL I PIEPRZ DO SMAKU*

Przygotowujemy ciasto: do mąki dodajemy ciepłą wodę (w takiej ilości, żeby podczas wyrabiania utworzyło się elastyczne ciasto), jajko, olej i sól i wyrabiamy. Ciecierzycę podgotowujemy, odcedzamy i miksujemy blenderem. Na patelni podsmażamy pokrojoną cebulę, dodajemy czosnek. Kiedy się zeszklą, dodajemy ciecierzycę i mieszamy. Rozwałkowujemy ciasto, wykrawamy koła lub trójkąty, nakładamy farsz i lepimy pierogi. Gotujemy w osolonej wodzie i podajemy ze skwarkami.

41.

To danie wprowadziła na plebanię nasza babcia. Tak ją nazywamy, choć nie jest spokrewniona z żadnym z nas. Poznaliśmy ją po tym, jak przyłapaliśmy jej wnuczka, Michała – wówczas dwunastolatka – na kradzieży pieniędzy ze skarbonki w kościele. Ja oczywiście wpadłam w złość, ale ksiądz, jak to on, zainteresował się, dlaczego chłopiec kradnie. No i okazało się, że Michał i jego babcia – teraz nasza babcia – żyją w skrajnej biedzie. Mateusz wziął ich pod swoje skrzydła i oboje zamieszkali u nas na plebanii. Na początku byłam zła. Miałam przez to więcej roboty i denerwowała mnie babcia, która ma trochę sklerozy i czasem mówi albo robi dziwne rzeczy. Jednak z czasem bardzo ją polubiłam. A ona, od kiedy ma zapewniony dach nad głową i czuje się bezpieczna, coraz rzadziej dziwaczy. Mało tego, okazało się, że jest mądra i wykształcona – wiele lat pracowała jako bibliotekarka.
Wracając do kluch z sosem: są naprawdę smaczne. Jednak kiedy babcia je pierwszy raz zrobiła, mnie i księdzu bardzo smakowały, ale Michał nie chciał wziąć ich do ust. Bardzo to mnie dziwiło, jednak trochę później dowiedziałam się, że ponieważ było u nich tak biednie, musiał często w sezonie chodzić z babcią na grzyby, które przecież nic nie kosztują. Potem jedli je w najrozmaitszych postaciach – najczęściej właśnie jako sos do klusek, które dokumentnie małemu obrzydły. Dopiero rok po tym, jak wprowadzili się do nas, przeszło mu i znów chętnie wsuwa to danie. A raczej – wsuwał, bo już parę lat temu wyjechał do ojca pracującego w Anglii. Wyrósł na bardzo fajnego chłopaka. Często dzwoni do babci, a nam przesyła widokówki z pozdrowieniami.

Domowe ziemniaczane kluchy z sosem grzybowym

Składniki (6 porcji)

30 DKG UGOTOWANYCH I ZMIELONYCH ZIEMNIAKÓW • 30 DKG MĄKI PSZENNEJ • 60 DKG LEŚNYCH GRZYBÓW (KURKI, BOROWIKI, PODGRZYBKI, MAŚLAKI) • 4 JAJKA • 200 ML ŚMIETANY KREMÓWKI • 1 ŁYŻKA MĄKI ZIEMNIACZANEJ • 1 OBRANA I POKROJONA W KOSTKĘ CEBULA • 1 ZĄBEK CZOSNKU POKROJONY W KOSTKĘ • GARŚĆ NATKI PIETRUSZKI • 1 ŁYŻECZKA MASŁA • 1 ŁYŻKA OLIWY Z OLIWEK • SÓL I PIEPRZ DO SMAKU • POMIDORY I LIŚCIE NATKI DO DEKORACJI

Na stolnicy kładziemy zmielone ziemniaki i robimy w nich dziurę. Wbijamy jajka i delikatnie zagniatamy, dodając mąkę. Wyrabiamy jak najszybciej, żeby ziemniaki w cieście nie puściły wody. Gdy ciasto będzie wyrobione, rękami wałkujemy wałki o średnicy 2 cm i kroimy je na 3-centymetrowe kluseczki. Gotujemy w osolonej wodzie, aż wypłyną. Hartujemy w zimnej wodzie. Obieramy i kroimy cebulę i czosnek. Do rondla wlewamy oliwę, dodajemy masło, roztapiamy, dodajemy czosnek i cebulę, podsmażamy na złoty kolor. Gdy cebula z czosnkiem będą podsmażone, dodajemy umyte, pokrojone grzyby. Smażymy przez 10 minut, zalewając wodą. Gotujemy dotąd, aż woda wyparuje z garnka. Ugotowane grzyby zalewamy śmietaną i gotujemy, aż śmietana zgęstnieje. Dodajemy natkę i doprawiamy solą oraz pieprzem. Gotowym sosem zalewamy ugotowane kluchy. Dekorujemy cząstkami pomidora i natką pietruszki.

42.

Jak się robi tę potrawę, nauczył mnie włoski kolega Piotra, Marco, podczas pobytu w Sandomierzu. To był rewanż za parzybrodę świętokrzyską, którą go uraczyłam! Zrobił wszystkie zakupy z pomocą Piotra, bo nie mówi po polsku. Zjawił się z nimi na plebanii następnego dnia po swoim doświadczeniu z parzybrodą i oznajmił, że teraz on chce nas poczęstować kolacją.

Nasz Włoch okazał się zdolnym kucharzem. Musiał trochę improwizować, bo nie udało mu się kupić włoskich kopytek gnocchi (chociaż bywają), więc zamiast nich wziął gotowe małe kopytka. Szynki parmeńskiej też nie było. Oczywiście, ta słynna szynka byłaby najlepsza, ale trudno ją dostać, no i jest bardzo droga. Marco kupił polędwicę łososiową. Obydwa zamienniki bardzo dobrze się sprawdziły (później, kiedy sama przygotowywałam tę potrawę, użyłam ogonówki brandenburskiej i też było OK). Przygotowując kolację, Marco wyśpiewywał ładnym tenorem neapolitańskie piosenki, więc wszyscy – Mateusz, babcia, Emilka, ja i oczywiście Piotr – asystowaliśmy mu w kuchni, podśpiewując fragmenty melodii.

Gnocchi były pyszne, a do tego wszystkiego Marco sprezentował nam butelkę czerwonego wytrawnego wina, które przywiózł ze sobą. Nigdy jeszcze takiego nie piłam – było czerwone, ale tak ciemne, że prawie czarne. Podobno sycylijskie. To był bardzo miły wieczór. Potem okazało się, że Piotr był zazdrosny o to, że tak polubiłam Marca. Głuptas!

Gnocchi ziemniaczane z szynką parmeńską, rukolą, świeżym pomidorem i parmezanem

Składniki (4–6 porcji)

40 DKG ZIEMNIACZANYCH GNOCCHI • 20 DKG SZYNKI PARMEŃSKIEJ • 2 POMIDORY • 1 MAŁA CEBULA • 100 ML OLIWY Z OLIWEK • 10 DKG RUKOLI (STANDARDOWE OPAKOWANIE) • KILKA LISTKÓW POSIEKANEJ BAZYLII • KOSTKA PARMEZANU DO STARCIA • SÓL I PIEPRZ DO SMAKU

Gnocchi gotujemy w osolonej wodzie przez 5 minut i hartujemy w zimnej wodzie. Na dużą patelnię wlewamy oliwę, rozgrzewamy, dodajemy pokrojoną w kostkę cebulę i delikatnie podsmażamy. Szynkę parmeńską kroimy na większe kawałki, dodajemy do cebuli i chwilkę podsmażamy. Następnie dodajemy obrane i pokrojone w kostkę pomidory. Smażymy przez 3–4 minuty. Gdy pomidory staną się miękkie, dodajemy gnocchi i podsmażamy przez 4 minuty na dużym ogniu. Doprawiamy solą, pieprzem i świeżymi liśćmi bazylii. Na sam koniec dodajemy rukolę i porządnie mieszamy. Podajemy posypane tartym parmezanem.

43.

Inspektor Orest Możejko zaprosił nas kiedyś na imieniny Dominika. Mały miał swoich gości w przeddzień, a tego dnia do stołu siedliśmy my z plebanii oraz Mietek i Basia Noculowie. Pan Orest podał przygotowaną przez siebie polędwicę. Naprawdę mi zaimponował! Pan Mietek kiedyś wspomniał, że jego szef zna się na kuchni i od czasu do czasu lubi coś ugotować, ale nie spodziewałam się takiego eleganckiego dania, którego przygotowywanie trzeba zacząć przynajmniej dwa dni wcześniej. A wiadomo, jakim zajętym człowiekiem jest inspektor. Nasze miasto jest niby spokojne, ale to tylko pozór. Policjanci mają pełne ręce roboty. Na szczęście mają też doskonałego pomocnika – jak dochodzenie utknie, do akcji wkracza nasz ksiądz...

Inspektora poznawałam stopniowo. Najpierw, kiedy ksiądz Mateusz po przyjeździe do Sandomierza zaczął pomagać policji w trudnych sprawach – często za pośrednictwem pana Mietka – inspektor był bardzo niezadowolony. Z czasem jednak docenił pomoc Mateusza i w pewien sposób się zaprzyjaźnili. Okazał się całkiem sympatycznym człowiekiem.
Jednak prawdziwa zmiana nastąpiła, kiedy pojawił się Dominik. Możejko kompletnie zwariował na punkcie synka (z miłości oczywiście!), choć na początku nie miał pojęcia, jak zajmować się małym chłopcem. Stopniowo się uczył, a ja pomagałam mu, jak mogłam. Pod wpływem tego, co czuje do Dominka, zmienił się też w kontaktach z innymi. Stał się mniej oschły, cieplejszy, bardziej zainteresowany ich sprawami. Jednym słowem – bardziej ludzki. Myślałam sobie, jedząc tę pyszną polędwicę, że skoro chciało mu się włożyć tyle wysiłku i czasu, by przygotować coś, co będzie nam smakowało, to chyba nas naprawdę lubi. Gdzieś przeczytałam, że naprawdę dobre gotowanie bierze się z serca. Z miłości lub sympatii dla tych, dla których się przygotowuje jedzenie. Myślę, że to prawda.
Inna sprawa, że Dominik powiedział w pewnym momencie, że jednak wolałby pizzę. Ale inspektor się tylko roześmiał. Dzieci takie są. Jednak z czasem uczą się doceniać naprawdę smaczne jedzenie. Zwłaszcza jeśli tata dobrze gotuje...

Grillowana polędwica wołowa w sosie z rukoli i białego wina

Składniki (4–5 porcji)

1 KG POLĘDWICY WOŁOWEJ • 200 ML OLEJU SŁONECZNIKOWEGO • 1 GŁÓWKA CZOSNKU • 4 GAŁĄZKI ROZMARYNU • 10 DKG RUKOLI • 200 ML BIAŁEGO WYTRAWNEGO WINA • 200 ML ŚMIETANY KREMOWEJ 30% • 1 ŁYŻECZKA MASŁA • 2 ŁYŻECZKI OLIWY Z OLIWEK • SÓL I PIEPRZ DO SMAKU

Polędwicę wołową oczyszczamy z błon, następnie myjemy. Osuszamy, kroimy na 200-gramowe steki i wkładamy do miski, dodając posiekany czosnek i rozmaryn. Zalewamy olejem i odstawiamy do lodówki na co najmniej 48 godzin (ale też nie więcej niż 72 godziny). Na dużą patelnię wlewamy oliwę z oliwek i podsmażamy steki wołowe po 2 minuty z każdej strony. Dodajemy łyżkę masła, rukolę, zalewamy białym winem i śmietaną i smażymy maksymalnie przez 10 minut. Gotowe steki układamy na talerzu. Sos doprawiamy solą i pieprzem (jeśli będzie zbyt rzadki, trzeba go dłużej pogotować, aż zgęstnieje). Tak przygotowanym sosem zalewamy polędwicę wołową. Podajemy z ziemniakami.

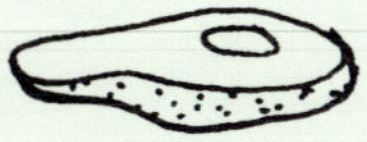

44.

Kiedy ksiądz Mateusz powiedział mi, że w najbliższą niedzielę odwiedzi nas biskup ze swoim sekretarzem, księdzem Jackiem, postanowiłam przygotować coś naprawdę dobrego. Księdza biskupa nie tylko szanuję, lecz także bardzo lubię. Jest miły, bezpośredni i ma poczucie humoru. Pamiętałam, że lubi drób, ale chciałam zrobić coś niebanalnego. Poszperałam w moim zbiorze przepisów (mam ich już tyle, że muszę wreszcie zrobić z nimi jakiś porządek!) i zdecydowałam się na tego wyszukanego indyka. Zaryzykowałam; normalnie, zanim podam gościom jakąś bardziej wyszukaną potrawę, wcześniej dla wprawy przyrządzam ją choć raz dla domowników. Tym razem nie było na to czasu. Miałam sporą tremę, czy danie się uda. Ale ksiądz biskup chwalił i nawet pytał o składniki nadzienia. Ze śmiechem wspominał, że kiedy był mały, tak jak inne znane mu dzieci nienawidził szpinaku, bo zawsze był podawany jako zielona, nieapetyczna i pozbawiona smaku breja... A w ostatnich latach okazało się, że to takie pyszne warzywo i można je przyrządzać na wiele sposobów.

Było mi bardzo miło. Co prawda, wychodząc na chwilę do kuchni, słyszałam, jak ksiądz Jacek mruknął – niby ot, tak, w powietrze – „Ale sosik chyba troszkę za kwaskowaty". Jednak ksiądz biskup stanowczo zaprotestował! Zawsze mi się wydaje, że ksiądz Jacek jest trochę zazdrosny o Mateusza, bo biskup go tak lubi i ceni. Może dlatego skrytykował mój sos? Cóż, księża to też ludzie i mają swoje słabostki.

•

Indyk w sosie cytrynowym nadziewany szpinakiem z ricottą

Składniki (4–6 porcji)

1 KG PIERSI Z INDYKA INDYKPOL • 7 KULEK MROŻONEGO SZPINAKU W LIŚCIACH • 200 DKG SERA RICOTTA • 1 CYTRYNA • 100 ML BIAŁEGO WYTRAWNEGO WINA • 300 ML ŚMIETANKI KREMOWEJ 30% • SZCZYPTA GAŁKI MUSZKATOŁOWEJ • SZCZYPTA SUSZONEJ BAZYLII • 1 ŁYŻKA KETCHUPU • 1 ŁYŻKA MASŁA • 5 ŁYŻEK OLIWY Z OLIWEK • SÓL I PIEPRZ DO SMAKU

Pierś z indyka dokładnie myjemy, przekrawamy wzdłuż i rozklepujemy na dwa cienkie, duże placki. Mięso solimy, pieprzymy, obsypujemy suszoną bazylią i nacieramy ketchupem. Do miski wkładamy rozmrożone i posiekane liście szpinaku, dodajemy ser ricotta oraz gałkę muszkatołową, doprawiamy solą i pieprzem, mieszamy. Przygotowany szpinak rozkładamy na mięsie wzdłuż, rolujemy indyka i układamy go w naczyniu żaroodpornym, oblewamy oliwą i pieczemy przez 30 minut w temperaturze 190°C na złoty kolor. Do garnka wkładamy masło, wlewamy wino oraz sok z cytryny i gotujemy przez 5 minut, aż wino odparuje. Zalewamy śmietaną, solimy, pieprzymy i gotujemy, aż zgęstnieje. Upieczonego indyka kroimy w plastry na ukos i zlewamy gotowym sosem. Danie podajemy na talerzu z ryżem basmati i pieczoną cukinią.

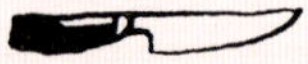

45.

Inspektor Możejko jest zapamiętałym wędkarzem. To jego system na relaks i oderwanie się od codziennych problemów. Kiedyś miał wyjątkowo dobry dzień: złowił kilka ryb, w tym sporego szczupaka, którego podarował Basi i Mietkowi Noculom. Basia wtedy nie bardzo lubiła przyrządzać ryb. Jeść też. Podawała je od czasu do czasu, ale zwykle były to najprostsze filety. Trochę zmieniła zdanie, kiedy spędzali z Mietkiem urlop na Teneryfie, gdzie – jak to na wyspie – podczas posiłków było do wyboru zawsze kilka gatunków ciekawie przyrządzonych morskich ryb. Mimo to Basia nadal tak nie bardzo wiedziała, jak poradzić sobie z prezentem od inspektora. Zadzwoniła do mnie i zaprosiła na następny dzień na wspólne przyrządzanie szczupaka. A potem oczywiście na jego zjedzenie...

Od razu powiedziałam jej, żeby zamarynowała rybę i wstawiła na noc do lodówki. Następnego dnia przyszłam wcześniej, a ksiądz miał dołączyć do nas później, na obiad. Pan Mietek akurat był w domu i bardzo przeżywał powstawanie nowej potrawy. Bo on, w odróżnieniu od żony, lubi ryby. Zresztą chyba lubi wszystko, bez wyjątków. Od śledzia z cebulką po ciastko z kremem!
No więc pan Mietek chciał koniecznie kibicować nam w kuchni. Ale kiedy tam wszedł, nagle zrobiło się okropnie ciasno! Do tego próbował nam pomagać i w efekcie co chwila strącał coś na podłogę. Może nie powinnam tego mówić, ale przypominał mi labradora mojej znajomej – przesympatyczne, serdeczne psisko, ale duże, mocno zbudowane i jak machnie z radości ogonem, to przedmioty stojące np. na niskim stoliku do kawy potrafi zmieść na podłogę! Jak mi to przyszło do głowy, zaczęłam się śmiać. Noculowie chcieli wiedzieć, dlaczego, ale oczywiście nie mogłam powiedzieć, więc coś tam nabujałam.
W końcu Basia taktownie wyprosiła Mietka z kuchni, a on oczywiście jej posłuchał. Zawsze jej słucha. Lubię patrzeć na tę parę – po tylu latach ciągle świata poza sobą nie widzą. Żeby wszystkie małżeństwa były takie!
Szczupak się udał. Byłam zadowolona, bo zrobiłyśmy go według mojego przepisu. W dodatku wiem, że Basia się przełamała i teraz częściej przyrządza ryby.

•

Grillowany szczupak z pieczonymi pomidorami i kozim serem

Składniki (6 porcji)

1 SZCZUPAK (OK. 1,5 KG) • ½ KG DOJRZAŁYCH SŁODKICH POMIDORÓW • 5 DKG MIĘKKIEGO SERA KOZIEGO • 5 ŁYŻEK OLIWY Z OLIWEK • 2 GAŁĄZKI ŚWIEŻEGO TYMIANKU • 2 GAŁĄZKI ŚWIEŻEGO OREGANO • GARŚĆ POSIEKANEJ ŚWIEŻEJ BAZYLII • ZĄBEK CZOSNKU POKROJONY W PLASTERKI • GAŁĄZKA ROZMARYNU • SÓL I PIEPRZ DO SMAKU

Szczupaka myjemy, obieramy z łusek, patroszymy i kroimy na 200-gramowe porcje. Przyprawiamy solą, pieprzem i rozmarynem, polewamy 3 łyżkami oliwy i wstawiamy na noc do lodówki. Rybę grillujemy na wolnym ogniu przez 20 minut z każdej strony. Na dużą patelnię wlewamy resztę oliwy i rozgrzewamy ją bardzo mocno, ale tak, żeby się nie spaliła. Na rozgrzaną oliwę wkładamy pokrojone w ćwiartki pomidory oraz pokrojony w plasterki czosnek i dokładnie mieszamy. Smażymy przez 3 minuty, dodajemy pozostałe zioła, sól, pieprz i kozi ser. Smażymy przez 5 minut na dużym ogniu. Gdy pomidory będą gotowe, układamy je na środku talerza, na wierzch kładziemy grillowanego szczupaka. Podajemy z ryżem basmati i pieczoną cukinią.

46.

Tej potrawy użyłam, żeby zachęcić do gotowania naszą Emilkę, bo uciekała od garnków, jak diabeł od święconej wody. Mówiła, że to musi być okropnie nudne. Na szczęście niektóre jej koleżanki po prostu musiały się tego nauczyć. Na przykład mama Kasi pracuje do późna, więc dziewczynka musi przygotowywać proste obiady dla młodszego rodzeństwa. Inne znowu interesują się gotowaniem, bo to modne – w kolorowych pismach jest pełno wymyślnych przepisów. Przyjaciółki Emilki wymyśliły, że będą spotykać się po kolei u każdej w domu i próbować przygotowanej przez nią potrawy. Emilka z początku próbowała się wykręcić, ale potem się złamała i poprosiła, żebym jej pomogła coś przygotować. Coś ekstra. Od razu pomyślałam, że makaron z indykiem może nastolatkom zasmakować. A składniki można bez problemu kupić. Słoiczek suszonych pomidorów nawet miałam w domu – dostałam od Basi Noculowej. Bazylię hoduję w doniczce. Postanowiłam, że najpierw na próbę przygotujemy tę potrawę na domowy obiad – nawet jeśli się nie za bardzo uda, to i tak zjemy. A z koleżankami to zaraz byłby dramat.
Na początek zabrałam małą na bazarek i pokazałam, jak wybrać dobre, świeże warzywa. No i kupiłyśmy indyka. Makaron casarecce robią już w Polsce, więc też nie ma problemu z jego kupnem.
W kuchni Emilka wszystko chciała robić sama. Tylko przy krojeniu indyka się krzywiła, bo pierwszy raz miała do czynienia z surowym mięsem. No i o mało nie ucięła sobie kawałka palca przy krojeniu cebuli. Ale danie wyszło zupełnie smaczne, zjedliśmy je z apetytem. Szczególnie Piotr, któremu przypomniały się Włochy.

Inna sprawa, jakiego nieporządku Emilka narobiła w kuchni. Oliwą, na której smażyła, opryskała całą kuchenkę i ścianę trochę też. Kawałek rozdeptanego suszonego pomidora znalazłam pod stołem następnego dnia.
Za drugim razem, kiedy przyszły koleżanki, wszystko już poszło jak z płatka. Dziewczynki jadły, aż im się uszy trzęsły. Chwaliły, a Emilka puchła z dumy. Od tamtej pory często podgląda, jak gotuję, i czasem prosi, żebym ją czegoś nauczyła. A ja – bardzo chętnie. Na pewno przyda jej się to w życiu.

•

Makaron casarecce z indykiem, cukinią, rukolą, świeżym i suszonym pomidorem

Składniki (4-6 porcji)

40 DKG MAKARONU CASARECCE • 1 CEBULA • 1 MŁODA CUKINIA (OK. 40 DKG) • 3 ŚWIEŻE POMIDORY • 5 DKG RUKOLI (1/2 STANDARDOWEGO OPAKOWANIA) • 10 PLASTERKÓW SUSZONYCH POMIDORÓW ZE SŁOICZKA • 15 DKG PIERSI Z INDYKA INDYKPOL • DUŻA SZCZYPTA SUSZONEJ BAZYLII • GARŚĆ NATKI PIETRUSZKI • 6 ŁYŻEK OLIWY Z OLIWEK • SÓL I PIEPRZ DO SMAKU • PARMEZAN W KOSTCE DO STARCIA

Przygotowujemy marynatę z oliwy, bazylii, soli i pieprzu. Indyka kroimy w cieniutkie paseczki, zanurzamy w marynacie. Makaron gotujemy w osolonej wodzie przez 10 minut i odcedzamy go na sitku, przelewając zimną wodą. Skrapiamy oliwą, żeby się nie skleił. Na dużą patelnię wlewamy oliwę, dodajemy cebulę posiekaną w kostkę oraz indyka i podsmażamy. Do rondelka wlewamy oliwę, wsypujemy pokrojoną w półplasterki cukinię i podsmażamy. Do indyka dodajemy ugotowany makaron, solimy, pieprzymy, dodajemy suszoną bazylię oraz natkę pietruszki i chwilkę podsmażamy. Następnie dodajemy obrane i pokrojone w kostkę świeże pomidory, pokrojone w paseczki suszone pomidory, rukolę i podsmażoną cukinię. Gotujemy przez 5 minut, mieszając. Rozkładamy porcje na talerze, posypujemy tartym parmezanem.

47.

Parę lat temu pani Justyna zaprosiła nas wszystkich z plebanii na kolację (oczywiście, był też pan Orest) i zaskoczyła mnie, podając takie proste, miejscowe danie, zresztą pyszne. Podobno pierwszy raz jadła je na wsi, gdzie robiła reportaż (nie była jeszcze wtedy burmistrzem, tylko dziennikarką). „Maścibrzuchem" poczęstowała ją gospodyni, u której nocowała.
Mnie się wydaje, że Justyna tą kolacją odreagowała wizytę swojej matki, pani Danuty, która mieszka w Anglii od lat i pozuje na prawdziwą lady. Justyna, choć zapracowana, robiła wszystko, żeby wizyta przebiegła jak najlepiej. Ale mamusia była bardzo wymagająca, zarówno co do odżywiania, jak i nakrycia stołu, manier itd., więc pani burmistrz łatwo nie miała... W dodatku Danuta krzywo patrzyła na pana Oresta. Zupełnie jakby podinspektor policji był kimś gorszym niż ona! Pewnie dlatego po jej wyjeździe Justyna przyrządziła to proste, jednogarnkowe danie i zaprosiła życzliwych znajomych, żeby pobyć z nimi, zjeść i pożartować. A przede wszystkim czuć się swobodnie!
Dla mnie pani Danuta była słodka jak miód. Zaproponowała mi, żebym przyjechała do posiadłości jej męża do Anglii i prowadziła im dom. Obiecała mi taką pensję, że w pierwszej chwili myślałam, że się przesłyszałam! Prawie nie spałam w nocy, obracałam w głowie wszystkie za i przeciw. Ale rano już wiedziałam; zostaję na plebanii, z księdzem i domownikami. Pieniądze to nie wszystko. Gdzie mi będzie lepiej niż tu, w Sandomierzu?

Maścibrzuch

Składniki (4 porcje)

½ KG ŁOPATKI CIELĘCEJ • ½ KG ŚWIEŻYCH GRZYBÓW • 1 CEBULA • 1 ŚWIEŻA PAPRYKA • 1 OGÓREK KISZONY LUB KONSERWOWY • 1 POMIDOR • 3 ŁYŻKI ŚMIETANY 30% • NATKA PIETRUSZKI • SÓL I PIEPRZ DO SMAKU

Mięso kroimy w drobną kostkę, obtaczamy w mące i smażymy na oleju wraz z pokrojoną cebulą. Przekładamy do garnka, dodajemy nieco wody i gotujemy, dodając podsmażone grzyby i paprykę, pokrojone drobno ogórek i pomidory. Doprawiamy do smaku solą i pieprzem. Dodajemy natkę.

48.

Pierwszy raz zrobiłam parzybrodę niedawno. Tego dnia byłam w fatalnym humorze. Piotr przyprowadził do nas Marca, znajomego Włocha, zresztą bardzo miłego, a Mateusz zaprosił go na kolację następnego dnia. Mnie akurat zostało niewiele pieniędzy na życie! W lodówce też było pustawo. Chodziłam po bazarku i zastanawiałam się, co im dam do zjedzenia? Powinno to być coś ekstra... a na składniki do ekstra nie było mnie stać. Na szczęście spotkałam znajomą, panią Elę, która mieszka na wsi i podała mi ten przepis. Nie byłam pewna, czy wypada częstować taką taniochą gościa ze słonecznej Italii, gdzie jada się różne pyszności. Ale smakowało mu bardzo, dokładał sobie dwa razy. Gdy usłyszał, że to tradycyjna potrawa z naszych okolic, był zachwycony. Marco koniecznie chciał wymówić „województwo świętokrzyskie", próbował kilka razy, a my mieliśmy niezłą zabawę! Okazało się, że oni tam jedzą bardzo mało ziemniaków – jeden, dwa ziemniaczki do mięsa. Wyobrażacie sobie? Więc dla niego to było coś naprawdę egzotycznego. Aha, dowiedziałam się czegoś zabawnego. Wiecie, co po włosku znaczy colazione? Wcale nie „kolacja", tylko „śniadanie"!

Od tej pory co jakiś czas robię parzybrodę. Wszyscy na plebanii bardzo ją lubią, nawet Emilka, chociaż ostatnio ma jakieś dziwne pomysły dotyczące odchudzania. Jednak gdy to danie wjeżdża na stół, pałaszuje, aż jej się uszy trzęsą. I za każdym razem rozśmiesza ją nazwa tej potrawy.

Parzybroda świętokrzyska

Składniki (8 porcji)

1 ŚWIEŻA KAPUSTA • 2 KG ZIEMNIAKÓW • 20 DKG SŁONINY • 1 SZKLANKA KWAŚNEJ ŚMIETANY • ½ SZKLANKI OCTU • SÓL I PIEPRZ DO SMAKU

Kapustę szatkujemy i gotujemy. Ziemniaki gotujemy i rozgniatamy, wszystko mieszamy, dodajemy skwarki z wytopionej słoniny, śmietanę, ocet, doprawiamy do smaku solą i pieprzem. Możemy podawać na gorąco i na zimno.

49.

Pierwszy raz zetknęłam się z tym daniem, kiedy słynny szef kuchni i przemiły człowiek, pan Jurek Kęcik, gotował gościnnie w hotelu Eden dla dziewczyn kandydujących do tytułu Miss Nineteen. Pozwolił mi asystować sobie przy pracy. Wiele się wtedy nauczyłam, bo nie byłam wówczas jeszcze za dobrą kucharką. Pomagałam mu przy pieczeniu między innymi kaczki z jabłkami.

Zaryzykowałam sama, kiedy odwiedził nas ksiądz Michał, kolega księdza Mateusza z seminarium. Mogłam oczywiście przygotować inne danie, smaczne, ale mniej pracochłonne. Jednak akurat tamtego dnia byłam w marnym nastroju. Człowiek czasem tak ma, że nachodzi go chandra... Zdecydowałam się na przygotowanie kaczki, bo wiedziałam, że, robiąc ją, nie będę miała czasu na ponure myśli.

Kaczka udała się doskonale. Ksiądz Michał i ksiądz Mateusz przy zupie zaczęli dyskutować o książce. Nie pamiętam tytułu, ale to jakieś ważne dzieło teologiczne. Dyskusja wciąż trwała, gdy podałam kaczkę. Oni jednak byli tak zagadani, że zupełnie nie zdawali sobie sprawy z tego, co jedzą. Zjedli wszystko, wciąż gadając. Po deserze grzecznie podziękowali za obiad, ale nie wspomnieli słowem o kaczce. Myślę, że gdybym im podała zamiast tego eleganckiego dania kaszę ze skwarkami, też by nie zauważyli!

Było mi trochę głupio. Ale kiedy zrobiłam znów kaczkę, tym razem na imieniny naszej babci, ksiądz Mateusz bardzo chwalił. Zresztą – jak wszyscy!

Pieczona kaczka z jabłkami i pomarańczami w karmelu z żurawiną i w czerwonym winie

Składniki (2 porcje)

1,8 KG SUROWEJ KACZKI BARBARIE W CAŁOŚCI • 3 DUŻE JABŁKA • 1 POMARAŃCZA • 20 DKG CZERWONYCH WINOGRON • 2 SZKLANKI CUKRU • 2 ŁYŻKI MAJERANKU • ½ SŁOIKA ŻURAWINY • 100 ML WYTRAWNEGO CZERWONEGO WINA • 3 ŁYŻKI MIODU • DUŻA GARŚĆ SOLI

Kaczkę dokładnie myjemy, odcinamy szyję i kuper. Z kupra i z szyi odcinamy nadmiar tłuszczu. Kaczkę dokładnie solimy, do wnętrza wsypujemy dwie łyżki majeranku. Dwa jabłka pozbawiamy gniazd nasiennych, kroimy w plastry i jedną część jabłek wkładamy razem z winogronami do środka kaczki, a drugą układamy na wierzchu kaczki. Owijamy kaczkę trzy razy folią aluminiową i wkładamy do naczynia żaroodpornego albo do brytfanki, zalewamy ½ szklanki zimnej wodą i pieczemy w piekarniku przez 2,5 godziny w temperaturze 220°C. Upieczoną kaczkę odstawiamy na 24 godziny. Kaczkę kładziemy na desce do krojenia piersią do góry i ostrym nożem przecinamy tę kość, przytrzymując, aby mięso się nie rozpadło. Tak samo robimy z kością skrzydłową. Odwracamy kaczkę skórą do deski i wyjmujemy cały korpus kaczki. Tak samo robimy z drugą połową kaczki. Na dużą patelnię wsypujemy cukier i wlewamy wodę, gotujemy, aż powstanie złoty karmel. Do niego dodajemy obrane, pokrojone na sześć części jabłko i pokrojoną na sześć części pomarańczę ze skórą, gotujemy przez 5 minut, aż owoce zmiękną. Do mniejszego garnka wlewamy żurawinę, czerwone wino i dwie łyżki miodu. Gotujemy, aż żurawina stanie się gęsta. Kaczkę układamy na talerzu żaroodpornym skórą do góry, smarujemy delikatnie miodem i zapiekamy w piekarniku, w temperaturze 160°C, przez 1,5 godziny, aby skórka stała się złocisto-chrupka. Na duży talerz na środek wylewamy troszkę żurawiny i układamy skarmelizowane owoce oraz kaczkę. Możemy podać ją z pieczonymi ziemniakami lub racuchami.

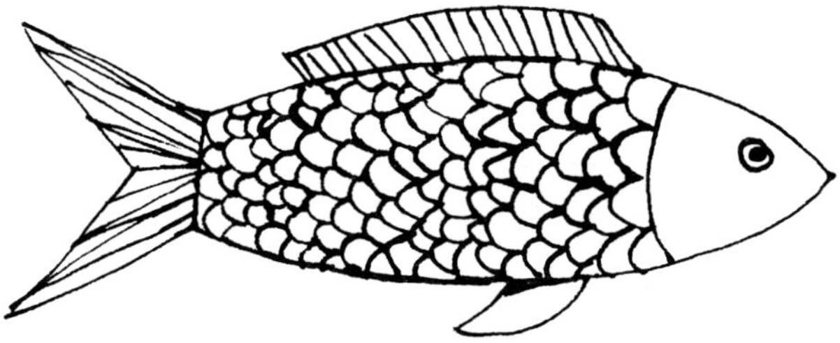

50.

Kiedy pani redaktor Justyna Malec zaproponowała mi prowadzenie kącika kulinarnego w gazecie „Nowinki Sandomierskie", okropnie mi to pochlebiło. Wiedziałam, że w ciągu ostatnich kilku lat stałam się zdecydowanie lepszą kucharką, ale żeby aż taka propozycja? Oczywiście, się zgodziłam.

Z radości postanowiłam zaprosić na niedzielny obiad panią Justynę i inspektora Możcjkę, z którym się wtedy spotykała. Ksiądz chętnie się zgodził, ale okazało się, że pani Justyna ma zaplanowany na ten weekend jakiś wyjazd. Przełożyliśmy więc termin spotkania na piątek. I miała to być kolacja, a nie obiad, bo w ciągu dnia wszyscy pracują.

Jak piątek, to nie mięso, tylko ryba. Akurat zobaczyłam w sklepie ładne, świeżutkie steki z halibuta i przygotowałam je w taki sposób, jak opisałam poniżej.

Może dziwicie się, że zawsze dorzucam jakieś dodatki (przeważnie „śródziemnomorskie", jak mówi inspektor), takie jak mozarella, kapary i oliwa. Dzięki nim nawet najzwyklejsze potrawy nabierają charakteru i oryginalności. No i przyznam się, że czasem, kiedy widzę je na półce w sklepie, po prostu nie mogę się oprzeć, żeby ich nie kupić. Jeszcze parę lat temu nie były przecież łatwo dostępne. Jeśli chciało się zrealizować przepis kuchni śródziemnomorskiej, trzeba było używać zastępników, a to nie to samo, więc teraz lubię troszkę zaszaleć.

Kolacja była bardzo przyjemna. Co prawda babcia z uporem mówiła nie „halibut", tylko „hallo, but", ale wszyscy taktownie udawali, że tego nie słyszą. Trochę mi żal, że pani Justyna i pan Orest przestali się spotykać, ładna była z nich para. Inna sprawa, że trwało to już parę lat, a w ogóle nie mówiło się o ślubie. Trudno. Jakoś krótko potem inspektor zaskoczył nas wszystkich – nagle okazało się, że ma odchowanego synka, którego w ogóle nie znał! A pani Justyna? Jest ładna i mądra – na pewno spotka jeszcze mężczyznę swojego życia.

•

Pieczony stek z halibuta z suszonymi pomidorami i mozzarellą

Składniki (1 porcja)

1 STEK Z HALIBUTA (OKOŁO 30 DKG) • 2 PLASTERKI SUSZONEGO POMIDORA • 2 GRUBE PLASTRY MOZZARELLI • KILKA LIŚCI ŚWIEŻEJ BAZYLII • 1 MAŁA ŁYŻECZKA POSIEKANYCH KAPARÓW • 1 ŁYŻECZKA MIODU • 1 ŁYŻECZKA OCTU BALSAMICZNEGO • 2 ŁYŻKI OLIWY Z OLIWEK Z PIERWSZEGO TŁOCZENIA • SÓL I PIEPRZ DO SMAKU

Rybę dokładnie myjemy, nacinamy skórę, solimy i pieprzymy. Na przygotowanym steku układamy liście bazylii, suszone pomidory i mozzarellę. Zapiekamy w piekarniku w temperaturze 180°C, aż mozzarella na wierzchu będzie złota i chrupka. Do miski wkładamy posiekane kapary, wlewamy miód, ocet i oliwę, dokładnie mieszamy. Tak przyrządzonym sosem polewamy gotowego halibuta. Rybę możemy podawać z dzikim ryżem oraz gotowanymi brokułami i kalafiorem.

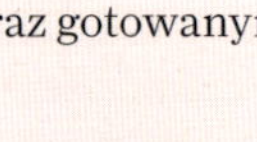

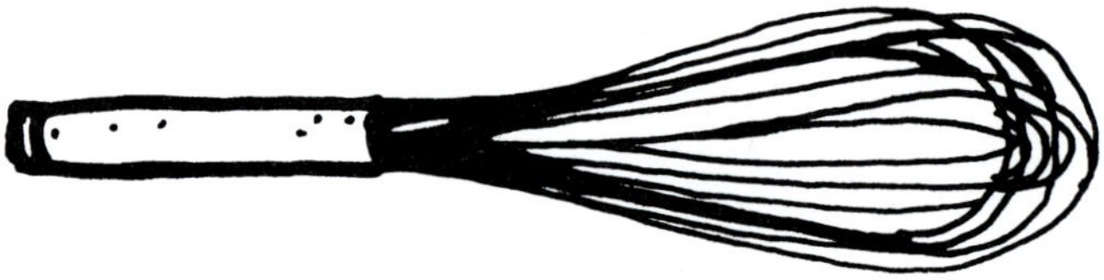

51.

Nie wspominam dobrze okresu, kiedy pierwszy raz piekłam ten piernik. To było wtedy, kiedy Mateusza wrobili, że rzekomo zastrzelił prawnika. Wszyscy wiedzieli, że to bzdura, inspektor i pan Mietek aż się wstydzili, że muszą go aresztować. Ale musieli, bo okoliczności go obciążały. Oczywiście, okazało się, że jest niewinny, jednak dopiero podczas procesu, więc nasz ksiądz spędził dłuższy czas w więzieniu. Wszyscy okropnie się martwiliśmy. Ja cały czas myślałam, jak musi się czuć, niesłusznie podejrzewany, zamknięty w celi. Może z jakimiś bandziorami, którzy będą mu dokuczać?

Postanowiłam go odwiedzić i przy okazji zanieść mu coś pożywnego do jedzenia – wiadomo, więzienne jedzenie nie jest najsmaczniejsze. Upiekłam schab, ciasto drożdżowe, przygotowałam jeszcze parę innych rzeczy. Ale potem pomyślałam, że Mateusz oczywiście podzieli się tym wszystkim z innymi, niezależnie, co przeskrobali, i mało co zostanie dla niego samego. Zdecydowałam, że jeszcze coś dołożę – coś naprawdę ekstra. Postanowiłam upiec piernik – według przepisu, który miałam od znajomej. Nigdy jeszcze go nie piekłam i wiedziałam, że ksiądz zrozumie, że chciałam zrobić dla niego coś specjalnego, żeby wiedział, jak o nim myślę. Piernik na szczęście się udał. Zapakowałam go z innymi rzeczami i poszłam z tym wszystkim do więzienia. Głupio się czułam, bo nigdy jeszcze nie byłam w takim miejscu. Nie wpuścili mnie, bo przyznałam się, że nie jestem spokrewniona z Mateuszem. Pozwolili mi jednak napisać do niego liścik i obiecali, że przekażą paczkę.

Zapytali, co jest w środku, więc im powiedziałam. Jednak, kiedy już wracałam, dotarło do mnie, że zapomniałam o pierniku! Zdenerwowałam się okropnie. Wyobraziłam sobie, że jak zajrzą do paczki i zobaczą, że zataiłam piernik, to może go połamią, żeby zobaczyć, czy czegoś w nim nie schowałam? Albo w ogóle nie dadzą księdzu tej paczki za karę?

Kiedy Mateusza uniewinnili, podziękował mi i powiedział, że piernik bardzo smakował nie tylko jemu, lecz także Waldkowi Grzelakowi (ksywka „Pluskwa"), z którym siedział w jednej celi i z którym później się zaprzyjaźniliśmy. Piernik więc dotarł, a Mateusz zrozumiał, że specjalnie się postarałam. On rozumie takie rzeczy, nie trzeba mu nic tłumaczyć.

•

Piernik Ani

Składniki

½ KG MĄKI PSZENNEJ • 1 SZKLANKA CUKRU KRYSZTAŁU • 1 SZKLANKA CUKRU PUDRU • 1 KOSTKA MARGARYNY KASIA • 1 PRZYPRAWA DO PIERNIKA • 4 JAJA • 2 ŁYŻECZKI SODY • 10 ŁYŻEK MIODU • ½ SZKLANKI KWAŚNEJ ŚMIETANY

Cukier prażymy na karmel, dodajemy ½ szklanki wody, studzimy. Ucieramy margarynę z cukrem pudrem i żółtkami. Mąkę przesiewamy z przyprawą do piernika i sodą. Do utartej masy dodajemy mąkę, miód, karmel, śmietanę. Ubijamy pianę z białek i delikatnie łączymy ją z masą. Ciasto wylewamy na wysmarowaną blachę i pieczemy w piekarniku nagrzanym do temperatury 160°C przez godzinę. Piernik po upieczeniu przekładamy konfiturą z moreli lub powidłami ze śliwki. Możemy go polukrować.

52.

Obydwie z babcią bardzo lubimy zbierać grzyby i czasami wyprawiamy się na grzybobranie. Zdarza się nam spędzić w lesie długie godziny, a babcia jakoś zupełnie zapomina o bolącym krzyżu. Tylko od czasu do czasu zaczyna się bać, że ponieważ nie widzi już tak dobrze, jak kiedyś, zerwie jakiegoś nietypowego muchomora i potrujemy się wszyscy. Dlatego na wszelki wypadek zawsze przeglądam zawartość jej koszyka, ale nigdy nie trafiłam na nic podejrzanego. A ja na grzybach się znam, jeszcze tata mnie nauczył.

Marynuję je, suszę, przyrządzam w śmietanie – pycha. Jeśli grzybów jest mniej, możemy użyć ich jako dodatku do jakiegoś dania. Na przykład do placka cudaczka.

Ładna nazwa, prawda? To jest jedno z tych niedrogich, ale smacznych dań, które chętnie jemy. Oczywiście, jak to często bywa w wiejskich potrawach, główną rolę odgrywają w nim ziemniaki. Wiem, że w dużych miastach są niemodne, uchodzą za ciężkostrawne i tuczące zapychacze żołądka. Ale kto tak naprawdę nie lubi młodych ziemniaczków z masłem i koperkiem? Albo ziemniaków pieczonych w piekarniku, a jeszcze lepiej – w ognisku? Pokażcie mi takiego.

Poza tym niedawno wyczytałam w Internecie, że ziemniaki – które w różnych częściach Polski rozmaicie się nazywają, na przykład grule albo pyry – mają długą i ciekawą historię. Wiecie, kto pierwszy przywiózł sadzonki ziemniaka do Polski? Król Jan III Sobieski, po zwycięstwie pod Wiedniem! Oczywiście, dla swojej ukochanej Marysieńki, która kazała posadzić je w ogrodzie i traktowała jako roślinę ozdobną. Wraz z królem próbowali też jeść bulwy i podobno nie byli zachwyceni. Tak czy inaczej, kiedy ziemniak dotarł do Europy (podobno z okolic dzisiejszego Peru), to było danie ludzi bogatych. Niespodzianka, co?

•

Placek cudaczek

Składniki (6 porcji)

2 KG ZIEMNIAKÓW • 2 JAJKA • 1/2 KG ŚWIEŻYCH GRZYBÓW (BOROWIKI, CZERWONE KOZAKI) • 5 ŁYŻEK MĄKI • 4 ŁYŻKI ŚMIETANY 30% • ŚWIEŻY TYMIANEK • SÓL I PIEPRZ DO SMAKU

Ziemniaki ścieramy na tarce (na tzw. ziemniaczanym oczku), odciskamy nadmiar soku (na ścierce kuchennej lub gazie). Dodajemy jajka, śmietanę, mąkę oraz przyprawy. Grzyby cienko kroimy, podduszamy i dodajemy do ziemniaków. Wszystko mieszamy, nakładamy do formy i pieczemy w piekarniku 1,5–2 godziny w temperaturze 140°C. Można podawać z sosem grzybowym lub śmietaną.

53.

Zaczęło się od tego, że ktoś mi powiedział o sałatce bawarskiej z ziemniaków, cebuli i majonezu. Zrobiłam trochę na próbę. Majonez kupiłam, bo nie miałam czasu bawić się w jego samodzielne przygotowywanie. Ale doprawiłam go – zawsze muszę dodać coś swojego – pieprzem cytrynowym. Sałatka smakowała domownikom, ale wydawało mi się, że coś jeszcze można by do niej dodać. Więc następnym razem dorzuciłam pokrojone dość drobno kiszone ogórki. Było znacznie lepiej.

Po kilku tygodniach, kiedy znów przygotowałam sałatkę i zostawiłam w kuchni, żeby się przegryzła, swoje „pięć groszy" dorzucił Michał, chłopaczek, który mieszkał u nas z babcią (babcia mieszka do dziś, Michał dorósł i wyjechał do pracy do Anglii). Akurat nie było mnie w kuchni, Michał zobaczył sałatkę (i pewnie spróbował, chociaż się nie przyznał). Zajrzał do lodówki i odkrył w niej ser feta. Skroił go w kostkę i wymieszał z ziemniakami, cebulą i ogórkami. Jak mi o tym powiedział od razu na niego fuknęłam, bo feta miała być do czegoś innego, bodaj do sałatki greckiej Horiatiki. Jednak gdy skosztowałam, to przestałam na niego pokrzykiwać i jeszcze go pochwaliłam. Feta to było dokładnie to, czego to danie potrzebowało! Zapomniałam wtedy kupić majonez, więc zrobiłam najprostszy sos: wymieszałam gęsty jogurt typu greckiego z odrobiną chrzanu. I było super.

Ale to jeszcze nie koniec. Następnym razem babcia wystąpiła ze swoją propozycją. Babcia miewa różne pomysły, niektóre dosyć dziwne. Tym razem jednak trafiła w dziesiątkę: dodała posiekany koperek!! Ta sałatka powstawała na raty i jest wynikiem pracy zespołowej! Albo – jak to określił ksiądz – „efektem burzy mózgów społeczności plebanii".

Sałatka ziemniaczana „NA RATY”

Składniki (4 porcje)

8 ZIEMNIAKÓW • 1 CEBULA • OGÓRKI KISZONE • 10 DKG SERA FETA LUB SZOPSKIEGO • KOPEREK • 4 ŁYŻKI MAJONEZU DOPRAWIONEGO PIEPRZEM CYTRYNOWYM LUB 4 ŁYŻKI GĘSTEGO JOGURTU ALBO ŚMIETANY Z ODROBINĄ CHRZANU

Ziemniaki myjemy i gotujemy w mundurkach, po wystudzeniu kroimy w kostkę. Cebulę i ogórki kroimy w drobną kostkę i dodajemy do ziemniaków. Następnie dodajemy pokrojony ser, posiekany koperek, majonez (śmietanę lub jogurt) i mieszamy.

54.

Dziwna potrawa... Nazywa się zupa, a naprawdę jest to deser. I w dodatku „Nic". Dlaczego „Nic"? Bardzo mnie to dziwiło, kiedy byłam mała. Parę razy w roku rodzice zabierali mnie na niedzielny obiad do cioci Feli. Ciocia podawała zawsze to samo: rosół z kury z domowym makaronem, pieczoną kurę z opiekanymi ziemniakami i mizerią. Wtedy nie hodowano tylu kurczaków, co teraz. Kurę trzeba było kupić na targu, zabić, oskubać, wypatroszyć... Średnio przyjemne. I kosztowne! Drób jadało się od święta, więc to było bardzo eleganckie danie. Na zakończenie uczty – właśnie zupa „Nic". Biała, słodka, pachnąca wanilią. Na niej, jak wysepki na morzu, małe beziki. Pychota! Glamałam bez apetytu drugie danie i czekałam właśnie na nią.

Myślałam wtedy, że aby przyrządzić coś tak pysznego, trzeba wydać dużo pieniędzy i porządnie się namęczyć. A okazało się to niedrogie i proste danie! Podałam przepis Basi Noculowej, kiedy chciała zrobić swojemu Mietkowi kulinarną niespodziankę w jego imieniny. Pan Mietek zakochał się w tej zupie i ciągle o nią prosił. Basia nie była zachwycona. Zupa „Nic" miała być czymś wyjątkowym, jakby prezentem imieninowym, a on chciał ją jeść co tydzień, a najlepiej codziennie. Tymczasem Basia ciągle stara się walczyć z tuszą męża. Liczy kalorie w każdym daniu, które dla niego przygotowuje, szykuje mu do pracy kanapki z chudym twarożkiem i sałatą. I dziwi się, że on nie chudnie. Daremny trud! Stale spotykam go w spożywczaku, gdzie kupuje gotową kanapkę z kiełbasą, masłem i majonezem. Albo jeszcze lepiej: drożdżówkę! Same bomby kaloryczne! Ale nic nie mówię Basi. Nie wolno kablować na przyjaciół. Poza tym mam już swoje lata i wiem, że bezpieczniej jest nie wtrącać się w sprawy małżeństwa.

Zupa „NIC" z piankami

Składniki

4 SZKLANKI MLEKA • 2 JAJA • 10 DKG CUKRU • CUKIER WANILIOWY DO SMAKU

Oddzielamy białka od żółtek, ubijamy pianę. Gdy piana będzie sztywna, ubijamy ją dalej, dodając stopniowo 2–3 dkg cukru. Gotową pianę wkładamy łyżką do garnka z wrzącym mlekiem, bardzo krótko gotujemy. Ugotowane pianki wyjmujemy łyżką cedzakową na półmisek, studzimy. Żółtka ucieramy z cukrem do białości, a następnie powoli dolewamy gorące, przegotowane mleko, nie przerywając ucierania. Dodajemy cukier wanilinowy do smaku. Ostudzoną zupę podajemy z piankami.

55.

Ten makaron to popisowe danie Piotra. Żeby pochwalić się znajomością włoskiej kuchni, przyrządził je nam po powrocie ze stypendium w Mediolanie. Potem, kiedy dał mi przepis w pełnej wersji, okazało się, że aby naprawdę było jak trzeba, Piotr powinien był sam zrobić domowy makaron. No, ale tacy są mężczyźni – wydawało mu się to zbyt długie i skomplikowane, więc użył kupnego. Nie zaszkodziło to zresztą potrawie, bo najważniejszy jest w niej sos – prosty, a bardzo smaczny. Zdaje się, że ten makaron (i nie tylko ten) to była we Włoszech podstawa wyżywienia Piotra. Jak to bywa na stypendium – niewiele miał pieniędzy i oszczędzał każdy grosz, aby jak najwięcej zobaczyć. A składniki są zdecydowanie niedrogie, no, chyba że ktoś chce użyć bardzo wykwintnej oliwy. Parmezan to oczywiście najlepsza wersja, ale zamiast niego można posłużyć się innym ostrym, twardym serem.
Podobno Włosi jedzą makaron na pierwsze danie, tak jak Polacy zupę. My na plebanii jednak traktujemy go jako pełnowartościowe drugie danie i wszyscy są najedzeni po uszy. Już nawet zrezygnowałam z gotowania zupy, kiedy go przygotowuję na obiad – przeważnie w piątki, kiedy nie jadamy mięsa.

Toskański makaron pici z sosem pomidorowym, świeżą bazylią i parmezanem

Składniki (4–6 porcji)

35 DKG CIASTA (NA MAKARON) • 1 ŁYŻECZKA MASŁA • 3 OBRANE ZE SKÓRKI POMIDORY • 1 ZĄBEK CZOSNKU • GARŚĆ POSIEKANEJ ŚWIEŻEJ BAZYLII • KAWAŁEK PARMEZANU (DO STARCIA) • OLIWA Z OLIWEK PIERWSZEGO TŁOCZENIA (DO SKROPIENIA DANIA) • SZCZYPTA SOLI I PIEPRZU DO SMAKU • 1 ŁYŻECZKA SOLI (NAJLEPIEJ MORSKIEJ)

Na obsypanej mąką stolnicy rozwałkowujemy porcje ciasta na wałeczki o grubości 2 cm i długości 3 cm. Makaron gotujemy w wodzie posolonej 1 łyżeczką soli przez 7 minut (będzie al dente). Po ugotowaniu hartujemy makaron w zimnej wodzie. Na patelni roztapiamy masło i dodajemy posiekany ząbek czosnku. Podsmażamy na wolnym ogniu przez 3 do 5 minut, tak aby masło się nie spaliło. Następnie dodajemy obrane ze skóry, pokrojone w kostkę pomidory i dusimy na wolnym ogniu, aby puściły sok. Dodajemy ugotowany makaron, świeżą bazylię oraz sól i pieprz do smaku. Posypujemy startym parmezanem i skrapiamy oliwą z oliwek.

56.

Wyjątkowo nie zmieniam nic w przepisie, według którego robiły tę zupę moja mama i babcia. Robię tak, bo wydaje mi się, że chociaż dobrze, gdy rozszerzamy sobie nasz kulinarny repertuar, to jednak stopniowo zapominamy o tradycyjnych, polskich, domowych potrawach. Mamy i zwłaszcza babcie wciąż jeszcze potrafią je gotować, ale młode pokolenie już nie bardzo. A powinniśmy te tradycje podtrzymywać. Oczywiście, jest dużo restauracji, które – jak się reklamują – oferują polską kuchnię. Ale poczytałam sobie ich menu w Internecie i mam wrażenie, że wszystkie proponują kilka tych samych dań. Z zup przeważnie borowikową, barszcz i żurek. A gdzie na przykład koperkowa czy kartoflanka? Albo zupy owocowe? Wśród dań mięsnych nie widziałam też bitek, pieczeni rzymskiej, dobrych kotletów mielonych. Rzadko zdarza się sztuka mięsa... Przecież to pychota! Może nie są szczególnie dietetyczne, ale czasem trzeba sobie zrobić jakąś przyjemność, nie?

Namawiam więc do przygotowywania tradycyjnych dań czytelniczki mojego kącika kulinarnego. I coś wam powiem: ile razy przygotuję coś tradycyjnie polskiego, domowego, wszyscy się zajadają. Nawet ksiądz biskup. Często bywa tak, że obecni przy stole zaczynają sobie opowiadać historyjki z życia, które łączą się z tym, co mają przed sobą na talerzu... Wtedy mamy konsumpcję połączoną z programem rozrywkowym!

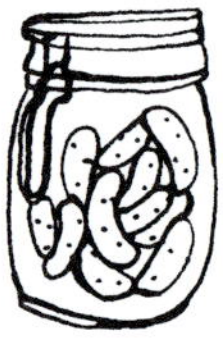

Zupa ogórkowa

Składniki

3–4 DKG MĄKI • 25–30 DKG OGÓRKÓW KISZONYCH • 25 DKG WŁOSZCZYZNY • 1,5 L WODY • 0,5 L MLEKA • 2 DKG TŁUSZCZU • 0,2 L KWASU OGÓRKOWEGO • 1 SUROWE ŻÓŁTKO • 2 DKG MASŁA

Gotujemy wywar z włoszczyzny z dodatkiem odrobiny tłuszczu. Ogórki ścieramy na tarce o dużych otworach. Wywar przecedzamy i podprawiamy mąką rozmieszaną z 0,25 l mleka, następnie zagotowujemy. Żółtko ucieramy z masłem, rozprowadzamy z połową szklanki gorącej zupy i łączymy z zupą. Dodajemy starte ogórki, kwas ogórkowy i sól do smaku. Zupę możemy ugotować na kościach lub podprawić śmietaną. Podajemy z ziemniakami – niektórzy zamiast nich dodają ryż.

57.

Do niedawna nie bardzo wiedziałam, co można zrobić z ciecierzycy (ja nazywam ją cieciorką), choć jest u nas dostępna i sucha, i w puszkach. Dopiero kiedy pogawędziłam sobie z panem Hasanem, który prowadzi w Sandomierzu barek z kebabami, dowiedziałam się, jak często i w jak różnych postaciach wykorzystuje się ją w krajach arabskich (islamskich?). Jest na przykład podstawą falafeli i hummusu. Zainteresowało mnie to bardzo. Może trochę dlatego, że cieciorka mi się podoba – taki śmieszny, nie całkiem okrągły groch, w dodatku z ogonkiem! Trochę jakby ulepiło ją dziecko. Każda potrawa, do której się jej doda, ciekawiej wygląda. A atrakcyjny wygląd jedzenia jest przecież bardzo ważny. Poza tym przeczytałam, że cieciorka zawiera aż 25 procent pożywnego białka. Zaczęłam z nią eksperymentować – na przykład przyrządziłam ją tak, jak fasolkę po bretońsku, wyszło i smacznie, i trochę inaczej. Zawsze zachęcam też czytelniczki mojego kącika kulinarnego w „Nowinkach Sandomierskich" do prób z nowymi składnikami dań. Czasami dostaję od nich bardzo fajne propozycje.

Wykombinowałam tę zupę i jestem z niej zadowolona, więc dzielę się z wami przepisem. W ogóle lubię bardzo zupy. Uważam, że zwłaszcza w ciemnej i zimnej porze roku zawsze musi być zupa – jeśli nie na obiad, to na kolację. Jakaś posilna i rozgrzewająca, po całym dniu, kiedy wszyscy są zmęczeni i trochę zmarznięci. Taka zupa nie tylko odżywia ciało, lecz także – moim zdaniem – poprawia nastrój!

•

Zupa z ciecierzycy, porów i parmezanu

Składniki

20 DKG CIECIERZYCY SUSZONEJ LUB Z PUSZKI • 5 DUŻYCH PORÓW • 150 ML OLIWY • 30 G TARTEGO PARMEZANU • SZCZYPTA SUSZONEJ BAZYLII • SÓL I PIEPRZ DO SMAKU

Jeżeli mamy suszoną ciecierzycę, namaczamy ją w wodzie przez noc. Ciecierzycy w puszce nie moczymy, tylko odcedzamy ją z zalewy i płuczemy w zimnej wodzie. Pory dokładnie myjemy i kroimy w półplastry. Do dużego rondla wlewamy oliwę i na niej podsmażamy pory, aż się skarmelizują (pory po mocnym podsmażeniu stają się słodkawe). Zalewamy je około 1,5 l wody i gotujemy 50 minut. Przygotowaną wcześniej ciecierzycę dodajemy do gotujących się porów i gotujemy około 20 minut. Na koniec dodajemy sól, pieprz oraz parmezan. Podając zupę, możemy posypać ją płatkami parmezanu.

58.

Lubię to danie. Nawiązuje do tradycji polskiej kuchni, jest stosunkowo proste, a kiedy poda się je właśnie w chlebku, wszyscy odnoszą wrażenie, że to coś bardzo wyszukanego.

Nie uwierzycie, od kogo się nauczyłam je robić. Od Waldka Grzelaka zwanego „Pluskwą"! Tego, który siedział w jednej celi z naszym księdzem, kiedy Mateusz był niesłusznie podejrzewany o zabójstwo adwokata Stawickiego. Waldek miał różne grzeszki na sumieniu, ale on wtedy też został wrobiony. Mateusz bardzo mu pomógł i ich przyjaźń trwa do dziś. Po wyjściu z więzienia Waldek nawet jakiś czas mieszkał u nas, co początkowo mocno mi działało na nerwy. Właściwie powinnam się już przyzwyczaić, że ksiądz niespodzianie sprowadza do nas ludzi w tarapatach, którzy jakiś czas pomieszkują na plebanii. No, ale Waldek miał sporo na sumieniu, a poza tym zaglądał mi do garnków i co chwilę, niby na żarty, krytykował moją kuchnię. Teraz widzę, że miał sporo racji. Ale wtedy czułam się niepewnie i każda krytyka wytrącała mnie z równowagi. W końcu nakrzyczałam na niego, że skoro wszystko wie lepiej, niech pokaże, jaki z niego świetny kucharz. A on na to: „W porzo, będzie superobiad". No to trzasnęłam drzwiami i poszłam do kuzynki.

Wracałam w nerwach, bo nie wierzyłam, że z tego gotowania coś będzie. Zastanawiałam się, co w razie czego upichcić na szybko, żeby domownicy nie byli głodni. Jednak jak tylko weszłam, od razu poczułam bardzo apetyczny zapach... Pluskwa przygotował dla nas zraziki. Pyszne.
Podał mi przepis, ale kiedy próbowałam z niego wyciągnąć, kto go nauczył tej potrawy, zbywał mnie żartami. Na pewno jakaś kobieta... Jednak o swojej przeszłości Pluskwa nie lubi mówić.

•

Zrazy po bałtowsku w chlebku

Składniki (4–5 porcji)

1 KG MIĘSA WOŁOWEGO (ZRAZOWA GÓRNA) • 1 MARCHEWKA • 20 DKG BOCZKU • 1 CEBULA • 4 OGÓRKI KWASZONE • 2 ŁYŻKI MUSZTARDY • MAJERANEK • 2 ZĄBKI CZOSNKU • SÓL I PIEPRZ DO SMAKU

Marchew gotujemy, kroimy ją w paski. Również w paski kroimy boczek i ogórki, a cebulę – w piórka. Mięso kroimy na kotlety i rozbijamy. Każdy smarujemy musztardą, doprawiamy solą i pieprzem, nakładamy nadzienie i formujemy zrazy. Obsmażamy je, przekładamy do rondla, dodajemy wodę lub rosół i dusimy. Podajemy zrazy z sosem w wydrążonym chlebku.

59.

Doskonale pamiętam różowe, milanezowe majtki – ogromne jak worek na ziemniaki albo powłoczka na wielką poduszkę. Miałam 12 lat, kiedy ukradłam je ze sznurka. W stodole z koleżankami oglądałyśmy je z fascynacją, nie mogąc nadziwić się ich wielkości. Co można zrobić z takich majtek? Może latawiec, ale nie było wiatru. Byłyśmy ciekawe, ile wejdzie w nie normalnych osób. Zmieściłyśmy się ja, Ania i Grażka. Może weszłaby i Hania, ale się wstydziła. Złapałyśmy za gumkę i ruszyłyśmy na spacerek. Od domu Broniarków, nóżka w nóżkę, ku radości sąsiadów, którzy ze śmiechu ocierali łzy... Aż nagle, przy domu babci Rogalskiej usłyszałyśmy krzyk cioci Heli: „Widzę was!!!". Dałyśmy w długą. Bieg zamienił się w skoki, walczyłyśmy zaciekle, niczym strażacy ścigający się w workach podczas odpustu na Świętego Floriana. Rozpędzona ciocia Hela dopadła nas piorunem. Wściekła wyszarpnęła nam swoje różowe pantalony. A ja do wieczora za karę, szlochając, szorowałam ganek. Przypominam sobie to wszystko, bo dzisiaj znów wszyscy płaczą przez Helę. Cioteczka umarła, a ja siedzę nad pustą kartką. Jaki nekrolog wyrazi miłość? Nie pójdziemy już na dzikie porzeczki do lasu, nie będziemy wypatrywać komet i wypowiadać życzeń. Zamykam oczy i nagle czuję zapach. Sobotni ranek, krzątająca się w milanezowych majtkach Hela i niesamowita woń pieczonego chleba. Chrupnięcie skórki pod nożem, ciepła przylepka popita świeżym mlekiem. Smak dzieciństwa, smak na całe życie.

Nasza ukochana ciocia Hela zmarła 22 maja.
Prosimy o modlitwę i wspomnienie przy chlebie pieczonym według Jej przepisu.
Natalia, Ania, Grażka i Hania

Chleb Cioci Heli

Zaczyn

• 2 G ŚWIEŻYCH DROŻDŻY • 15 DKG MĄKI ORKISZOWEJ RAZOWEJ TYP 2000 • 17 DKG WODY

Ciasto

• 15 G ŚWIEŻYCH DROŻDŻY • ½ ŁYŻECZKI CUKRU • 45 DKG MĄKI ORKISZOWEJ RAZOWEJ TYP 2000 • 35 DKG LETNIEJ WODY • 2 ŁYŻKI LETNIEJ WODY • 1 ŁYŻKA SOLI • 5 DKG ZIAREN ZŁOTEGO LUB CZARNEGO SIEMIENIA LNIANEGO • 5 DKG ZIAREN SŁONECZNIKA • ZIARNA DO POSYPANIA CHLEBA

Wieczorem dnia poprzedzającego wypiek przygotowujemy zaczyn – mieszamy składniki i pozostawiamy pod przykryciem w temperaturze pokojowej na mniej więcej 12 godzin. Następnego dnia drożdże rozpuszczamy w miseczce, dodajemy cukier, 2 łyżki letniej wody i mieszamy, aż się rozpuszczą. Mąkę łączymy z solą, ziarnami i rozpuszczonymi drożdżami. Następnie dodajemy cały zaczyn i letnią wodę. Zagniatamy ciasto (powinno być mocno kleiste i wilgotne). Przekładamy je do miski wysmarowanej olejem, szczelnie przykrywamy i pozostawiamy w ciepłym miejscu do wyrośnięcia na mniej więcej 1 godzinę lub do czasu, gdy podwoi lub nawet potroi swoją objętość. Ciasto po wyrośnięciu zagniatamy jeszcze raz, przekładamy do formy, wyłożonej papierem do pieczenia lub wysmarowanej olejem i wysypanej np. otrębami. Wierzch posypujemy ziarnami. Całość przykrywamy folią spożywczą i pozostawiamy do wyrośnięcia na 15–20 minut. Piekarnik nagrzewamy do temperatury 220°C. Wyrośnięty chleb wstawiamy do nagrzanego piekarnika na 10 minut, następnie zmniejszamy temperaturę do 200°C i pieczemy ok. 30–40 minut.

11 listopada – Narodowe Święto Niepodległości – kojarzy mi się zawsze z gęsiną. W listopadzie zeszłego roku odwiedził nas dyrektor Zootechnicznego Zakładu Doświadczalnego z żoną. W zakładzie tym hodowana jest gęś owsiana Biała Kołudzka. Jej mięso jest bardzo zdrowe, nietłuste, bogate w białko, składki mineralne i witaminy. Goście przywieźli gęsinę, a pani dyrektorowa własnoręcznie przyrządziła z niej wspaniałe dania.

Ucieszyłam się, kiedy usłyszałam, że minister rolnictwa uznał gęś Białą Kołudzką® za odrębną rasę. Powiedział, że to nasze dobro narodowe i prawdziwa arystokratka polskiej wsi. Zgadzam się z nim w pełni!

Od sześciu lat trwa akcja promocyjna „Kujawsko-pomorska gęsina na świętego Marcina" i do organizatorów można wysyłać przepisy. Że też wcześniej o tym nie wiedziałam! W tym roku patronat nad akcją województwa kujawsko-pomorskiego objęła pierwsza dama, Pani Anna Komorowska. Jeśli to ona będzie próbowała dań wykonanych według przesłanych na konkurs przepisów, na pewno pozna się na moim i wygraną mam w kieszeni!

To nie koniec atrakcji! Na Święto Niepodległości mam zamiar wybrać się do Przysieka pod Toruniem, gdzie odbywa się dwudniowy festiwal gęsiny. Zrobię zakupy i podpatrzę na warsztatach kulinarnych nowe przepisy. Gęsinę można przyrządzać na sto sposobów – kucharze i smakosze, którzy znają akcję „Czas na gęsinę", dobrze o tym wiedzą.

Aha, i jeszcze muszę powiedzieć Emilce, żeby dla mnie ściągnęła „Przepisowego asystenta" – aplikację, która z podanych produktów pomoże wybrać przepis na potrawę z gęsiny, a dla siebie – grę zręcznościową „Wesoła gąska".

KUJAWSKO-POMORSKA
GĘSINA
NA ŚWIĘTEGO MARCINA

60.

Ciocia Eliza przyjechała do Polski. Ostatni raz była z wizytą dwadzieścia lat temu.

Teraz kłębiła się wokół niej cała rodzina. Ciocia spojrzała na mnie oczyma jak iskierki i wypaliła:

– Córka Olka!

Przytaknęłam zadowolona, że mnie rozpoznała.

– Słyszałam, że umarł. Dobry człowiek z niego był. Lubił pracować, a *job* rzecz święta. Pamiętaj o tym.

To „*job* rzecz święta" ciocia powtarzała wszystkim przy każdej okazji...

Wyjechała do Ameryki jako młodziutka dziewczyna, bez gorsza przy duszy. Pracowała to tu, to tam, aż w końcu zatrudniła się na farmie. I musiała pracować znakomicie, bo kiedy zmarli właściciele, spadkobiercy powierzyli Elizie prowadzenie farmy.

– Na trzy miesiące przyjechałam. Żeby odpocząć, mam już swoje lata... – oznajmiła Eliza.

Po dwóch tygodniach zadzwoniła kuzynka, u której zatrzymała się ciocia. Zrozpaczona, prosiła o pomoc. Znudzona bezczynnością Eliza wzięła na podhodowanie kilkaset gęsi. I tak ciocia zamiast byczyć się całymi dniami, jak szumnie zapowiadała, zajmowała się karmieniem, pojeniem i doglądaniem ptactwa. Podjechałam ją odwiedzić.

– Jak urlop ciociu?
Wokół nas stało pięć setek gęsi.
– Znakomicie. Popatrz jakie piękne – wskazała na ptaki.
– Lubi ciocia gęsi.
– Jak byłam mała, musiałam je paść. To była moja pierwsza praca... – powiedziała ciocia z zadumą.
– ...a *job* rzecz święta – dokończyłam.
– Szybko się uczysz. Jak twój ojciec... On też wiedział, że jak człowiek pracuje, śmierć musi czekać, bo po co zabierać kogoś, kto nie ma dla niej czasu.
Po chwili dorzuciła.
– Dam ci kilka. Nie ma nic lepszego niż gęsina. Smalec zwłaszcza.
To dzięki cioci odkryłam gęsinę – pyszne mięso, które można przyrządzać na dziesiątki sposobów. I prosto, i wykwintnie. I na słodko, i na ostro.
Na ostatnie święta ciotka napisała do mnie kartkę. Bardzo krótką, bo jak zaznaczyła, mimo osiemdziesiątki na karku, nie ma czasu na pisanie.

Galaretka z gęsi

Składniki (4porcje)

2 GĘSIE UDA ZE SKÓRĄ • 1 PĘCZEK WŁOSZCZYZNY • 1 CEBULA • 2 POSIEKANE ZĄBKI CZOSNKU • PĘCZEK NATKI • SÓL I PIEPRZ DO SMAKU • 2 BIAŁKA • 2 ŁYŻECZKI OCTU • 2 ŁYŻECZKI ŻELATYNY

Wkładamy gęsie uda do garnka, dodajemy włoszczyznę, cebulę, czosnek, natkę. Zalewamy wodą, zagotowujemy i doprawiamy solą oraz pieprzem. Gotujemy pod przykryciem na małym ogniu przez 3 godziny. Po przestudzeniu wyjmujemy mięso, a wywar odstawiamy. Z gęsi zdejmujemy skórę, mięso oddzielamy od kości i kroimy na drobne kawałki. Wywar przecedzamy przez gęste sitko i klarujemy, dodając ubite białka i odrobinę octu. Ponownie przecedzamy i podgrzewamy. Do gorącego, sklarowanego wywaru dodajemy żelatynę i dokładnie mieszamy. Pokrojone mięso wkładamy do miseczek, dekorujemy i zalewamy wywarem. Podajemy z marynowanymi grzybami i chrzanem.

Notatki

Notatki

Notatki

INDYKPOL
SMAK I ZDROWIE NA CO DZIEŃ
Smak i zdrowie
na co dzień
parówki dla całej rodziny
Jedynki
Z mięsa najwyższej jakości
Bez dodatku fosforanów
Bez dodatku glutaminianu sodu
200 g
wyborne pasztety
Dobre naturalnie
pasztet dworski
doskonałe szynki
FILET SPECJAŁ
mięso najwyższej jakości
Samo dobro
MIĘSO Z INDYKA NA KOTLETY
PRODUKTY, PRZEPISY, PORADY NA WWW.INDYKPOL.PL

Wydawca składa podziękowania Mecenasowi,
który wsparł wydanie publikacji

Wydawnictwo Zwierciadło Sp. z o.o.

ul. Karowa 31a, 00-324 Warszawa

tel. 22 312 37 12

Dział handlowy:

handlowy@grupazwierciadlo.pl

Autorzy tekstów: Jolanta Hartwig Sosnowska, Agnieszka Błotnicka, Grzegorz Łoszewski.

Przepisy kulinarne zebrali: Michał Szczęsny, Alicja Stępień – Miejsko-Gminny Ośrodek Kultury i Sportu w Koprzywnicy, Stowarzyszenie „Sandomierski Szlak Jabłkowy".

Wydawca serdecznie dziękuje Panu Arturowi Morozowi za bezcenne konsultacje kulinarne.

Redakcja i korekta: Joanna Ołówek, Magdalena Kowalczuk / Melanż

Projekt okładki i projekt graficzny: Studio Miś

Zdjęcia
okładka, strony: 5, 12, 17, 24, 28, 80, 84, 114, 141, 184, 224, 225, 227 – Krzysztof Opaliński
strony: 6, 11, 14, 18, 22-23, 27, 31, 33, 37, 38-39, 42-43, 46, 49, 50, 53, 54-55, 58, 60-61, 63, 64-65, 68-69, 70, 73, 76-77, 83, 91, 92, 98, 101, 103, 107, 108-109, 111, 112, 116, 118, 121, 122, 125, 126, 132, 136, 139, 140, 148-149, 152-153, 159, 160-161, 164, 165, 168, 173, 174, 178-179, 180, 183, 186-187, 190, 193, 195, 196, 201, 205, 209, 213, 215, 216-217, 218, 221, 222, 231, 234, 237 – StockFood / Free
strony: 71, 93, 95, 210, 211 – 123RF
strony: 87, 135 – IStock / Getty Images
strony: 144-145 – Westend61 / Getty Images
strona: 239 – Daniel Pach

Redaktor prowadzący: Magdalena Chorębała

Dyrektor produkcji: Robert Jeżewski

Druk: Drukarnia Perfekt S.A. Warszawa

ISBN: 978-83-64776-11-3